AF402058

DROIT ROMAIN

—

# DU
# COLONAGE PARTIAIRE

—

DROIT FRANÇAIS

—

# DU MÉTAYAGE

### d'après la loi du 18 Juillet 1889

---

## THÈSE POUR LE DOCTORAT

PAR

## JEAN CRUVEILHIER

AVOCAT A LA COUR D'APPEL

PARIS
LIBRAIRIE NOUVELLE DE DROIT ET DE JURISPRUDENCE
ARTHUR ROUSSEAU
ÉDITEUR
14, RUE SOUFFLOT, 14
1893

# THÈSE DE DOCTORAT

FACULTÉ DE DROIT DE PARIS

DROIT ROMAIN

# DU
# COLONAGE PARTIAIRE

DROIT FRANÇAIS

# DU MÉTAYAGE

## d'après la loi du 18 Juillet 1889

### THÈSE POUR LE DOCTORAT

*L'acte public sur les matières ci-après sera soutenu
le jeudi 21 décembre 1893, à 1 heure.*

PAR

JEAN CRUVEILHIER

AVOCAT

*Président :*  M. JOBBÉ-DUVAL, *professeur.*

*Suffragants :* {  MM. GÉRARDIN  
LE POITTEVIN  
MASSIGLI  } *professeurs.*

LIBRAIRIE NOUVELLE DE DROIT ET DE JURISPRUDENCE
ARTHUR ROUSSEAU
ÉDITEUR
14, Rue Soufflot et rue Toullier, 13
1893

À MON PÉRE


A MA MÉRE


A MES FRÈRES

# DU MÉTAYAGE

## D'après la loi du 18 juillet 1889

Le Colonage partiaire est le contrat par lequel un propriétaire charge un cultivateur d'exploiter un domaine moyennant une quote-part des produits, généralement la moitié. Il prend alors le nom de Métayage.

Bien que ce mode d'amodiation ait toujours été très répandu, le Code Civil avait omis de le réglementer d'une façon complète laissant ainsi matière à de nombreuses controverses.

Mais la Loi du 18 juillet 1889 a comblé cette lacune regrettable de notre législation et a ainsi contribué à favoriser l'agriculture tout en améliorant les rapports des cultivateurs et des propriétaires. C'est cette Loi que nous allons étudier et nous nous efforcerons de donner à notre étude tout l'intérêt pratique que comporte un pareil sujet en citant autant que possible les décisions judiciaires qui ont été rendues sur les points les plus importants.

# CHAPITRE PREMIER



Nature du contrat de Métayage d'après la loi du
18 juillet 1889

La nature du Colonage partiaire était une question
des plus controversées chez nos anciens auteurs qui
voyaient dans ce contrat soit un louage de choses, soit
un louage d'ouvrage, soit une société, soit enfin un contrat innommé.

Le Code civil n'avait pas mis fin à cette controverse
car loin de préciser la nature de notre contrat, il la laissait dans le vague et cette incertitude avait d'autant
plus d'inconvénients que le très petit nombre de dispo-
positions du code (1) consacrées au colonage avaient
besoin d'être complétées par d'autres dispositions qu'on
empruntait suivant les systèmes soit au louage soit
à la société ce qui donnait naissance aux solutions les
plus divergentes.

(1) Les articles que les rédacteurs du  C. C. avaient consacrés
au Colonage sont dans le titre du  louage les art. 1763, 1764, 1771.
1827 à 1830. Ils l'avaient de plus mentionné incidemment en de
hors du titre du louage dans les art. 522, 524, 585 C. C.

C'est pour remédier aux inconvénients de cet état de choses qu'a été conçue la loi du 18 juillet 1889. Elle a pour but, en mettant fin à de nombreuses controverses, d'encourager l'activité des travailleurs désormais éclairés sur leurs droits et leurs obligations nettement déterminés (1).

A-t-elle rempli sa mission ? L'étude que nous allons en faire nous permettra de répondre à cette question mais nous devons nous demander d'abord si la loi nouvelle a mis fin à l'antique controverse sur la nature du métayage dont l'importance était autrefois capitale puisque, suivant le système adopté, les parties se trouvaient soumises aux dispositions du louage ou à celles de la Société. Aujourd'hui la loi de 1889, en donnant une solution précise aux questions les plus importantes que peut faire naître le colonage, a diminué, sans doute, d'une façon notable l'intérêt de la question mais elle l'a cependant laissé subsister en partie, car la loi nouvelle laisse encore beaucoup de points obscurs et la réponse à ces différents points d'interrogation dépendra aujourd'hui comme autrefois du système adopté.

Nous aurons dans le cours de notre étude un certain nombre d'applications de cette observation mais nous nous contenterons pour le moment de citer la question qui se pose relativement à la preuve du colonage quand ce contrat n'a pas été rédigé par écrit. La preuve du contrat sera-t-elle réglée par le droit commun des art.

---

(1). La loi du 18 juillet 1889 doit former le titre IV du Code Rural.

1341 et suiv. ou d'après les règles spéciales des art. 1715 et 1716 relatifs au louage?

La réponse à cette question sur laquelle le texte de la loi est muet diffère suivant que l'on admet que la loi de 1889 a conservé au colonage son caractère de louage ou qu'au contraire on affirme qu'elle a vu dans notre convention un contrat d'une nature spéciale soumise, en l'absence de texte, aux dispositions générales qui règlent la matière des obligations.

Il est donc utile encore aujourd'hui de déterminer quelle est la nature du colonage. Les travaux préparatoires de la loi de 1889 vont nous aider à trancher la controverse. La définition contenue dans le projet proposé par le Gouvernement était ainsi conçu : *Le bail à colonage partiaire est le louage d'un héritage rural que le preneur s'engage à cultiver sous la condition d'en partager les fruits avec le propriétaire.*

La commission du Sénat avait modifié ce texte de la façon suivante : *Le bail à colonage est le louage « pendant un certain temps » d'un héritage rural..... etc. »*

Cette modification avait pour but de prohiber les baux à métairie perpétuels usités dans l'ancien droit.

Mais les deux textes s'accordaient pour reconnaître au colonage partiaire le caractère de louage.

C'est en vue d'empêcher ce résultat que M. de Gavardie, lors de la discussion au Sénat, à proposé la rédaction suivante :

*Le colonage partiaire ou métayage est l'association agricole ayant pour objet le partage des fruits d'un hé-*

*ritage loué par le propriétaire au colon ou métayer.*

A l'appui de sa définition M. de Gavardie disait : La rédaction proposée par la commission a le grave inconvénient de faire prédominer un des éléments juridiques de ce contrat et de laisser dans l'ombre un autre élément c'est-à-dire l'élément de la Société. A quoi M. Clément a répondu que l'élément social se trouvait indiqué dans la 2^{me} partie de l'art. édictant que le contrat devait être fait sous la condition d'un partage de fruits avec le propriétaire.

L'amendement de M. de Gavardie n'a pas été pris en considération par le Sénat (Sénat séance du 14 juin 1880. *Journ. off.* déb. parlem. p. 6486).

Néanmoins la Chambre des Députés malgré l'observation de M. Clément trouva que la rédaction du Sénat rapprochait trop la nature du colonage de celle du louage en se servant des expressions : « *Le bail à colonage est le louage* » ; aussi quoique la portée de ces expressions se trouvât atténuée par la fin de l'art : « sous la condition d'en partager les produits avec le propriétaire » la commission de la Chambre a modifié le texte primitif pour le remplacer par une autre définition qui est devenue définitive et dans laquelle le mot *louage* est remplacé par le mot *contrat.* Voici ce texte : *Le bail à colonage partiaire est le contrat par lequel le possesseur d'un héritage rural le remet pour un certain temps à un preneur qui s'engage à le cultiver sous la condition d'en partager les produits.*

M. Million rapporteur a expliqué de la façon suivante

cette modification et a défini en même temps la nature
du contrat dont la loi actuelle a établi les règles : « La
« vérité, dit M. Million, est que le colonat est un con-
« trat qui tient à la fois de la société, du bail et du
« louage d'ouvrage. »

Et, après avoir rappelé les déclarations de M. Clément
au Sénat, il ajoute :

« Il a paru à votre Commission impossible de laisser
subsister dans une loi cette source d'équivoque d'un
texte proposé pouraffirmer que le métayage est un louage
et adopté dans l'idée qu'il n'en est pas un. C'est pour
cela qu'elle a cru devoir modifier la rédaction de l'art.
1er et vous proposer un texte qui soit d'accord avec l'intention de ceux qui l'ont adopté » (1).

Voilà des paroles nettes et claires d'où il résulte que
dans l'esprit du législateur de 1889 le colonage ne pouvait être assimilé au louage.

Sans doute la volonté du législateur n'a pas le pouvoir de modifier la nature des contrats pas plus que le
naturaliste ne peut par ses classifications modifier la
nature des êtres qu'il étudie mais ce n'est pas seulement dans l'esprit du législateur que le colonage n'est
pas un louage c'est, croyons-nous, dans la réalité des
faits.

Le louage, en effet, ne peut se concevoir sans prix de
location, or il n'y a pas à proprement parler de prix dans
le colonage partiaire.  La part de la récolte que le

______

(1) Rapport à la Ch. des Députés. Annexe au procès-verbal de
la séance du 14 juin 1888, p. 21. 27.

métayer remet au propriétaire ne peut, en effet, pas être assimilée à un prix de ferme car il n'y a pas là de valeur qui passe du patrimoine du preneur dans celui du bailleur. Le propriétaire et le colon sont co-propriétaires des fruits et l'opération qui donne à chacun la moitié de ces fruits, n'est pas un paiement mais un partage. Donc pas de merces, pas de louage.

Ces arguments se trouvent aujourd'hui fortifiés comme nous l'avons vu par les travaux préparatoires de la loi du 18 juillet 1889 qui nous indiquent que ce n'est pas sans dessein que le mot contrat a été substitué au mot louage dans la définition du colonage. Ajoutons aussi que la nouvelle loi en énumérant d'une façon précise les articles du louage auxquels il faut se référer a indiqué par cela même, qu'en dehors de ces cas spéciaux, les dispositions du louage ne devaient pas être étendues au colonage.

D'autre part, le colonage n'est pas non plus une société comme certains auteurs l'avaient soutenu (1), car il ne prend fin que par la mort du métayer tandis que la société s'éteint par la mort des deux associés indistinctement. De plus, la société ne comporte pas l'application du privilège de l'art. 2102 que la loi de 1889 accorde au bailleur à métairie.

Il en résulte que la loi de 1889 ne doit pas être considérée comme un chapitre ajouté soit au louage, soit à la société, mais comme un ensemble de dispositions concernant un contrat qui tout en participant de la na-

(1) Citons notamment Méplain du Colonage partiaire.

ture du louage et de celle de la société ne se confond cependant avec aucun de ces deux contrats et.constitue désormais un contrat d'une nature spéciale ayant ses règles propres (1). Une conséquence de ce système c'est qu'en l'absence de dispositions spéciales de la loi de 1889, il ne faudra avoir recours ni au louage ni à la so-. ciété mais aux dispositions générales du titre des obligations et avant elles aux usages locaux.

La loi de 1889 donne, en effet, une grande importance aux usages locaux. D'après M. Halgan qui soutenait au Sénat l'amendement de M. de Gavardie cette importance aurait même été *prépondérante* de sorte que le colonage eût été régi *d'abord par les usages locaux et, à leur défaut seulement, par la loi.*

Le Sénat, il est vrai n'a pas accepté cette interprétation sur les observations de M. Clément qui a fait remarquer que le droit coutumier ne parle que lorsque le droit écrit se tait (2).

Mais le fait même qu'une telle proposition ait pu être formulée est un témoignage de l'importance toute particulière que les rédacteurs de la loi nouvelle ont accordé aux usages locaux.

Aussi, croyons nous, que dans le silence de la loi de 1889 on devra consulter les usages locaux de préférence aux

(1) En ce sens Massigli. Grande Encyclopédie. Tome 11, au mot Colonage. Au contraire Guillouard continue à voir dans le colonage même après la loi de 1889, un véritable Louage. Guillouard. Louage tome II, édit de 1891.

(2) Sénat. *Journ. off.* Séance 18 Juin 1880 p. 6621.

dispositions générales des obligations pour tous les cas
que les parties n'auront pas reglémentés dans leur convention. Ceci nous semble résulter de l'art. 13 de la loi
nouvelle.

# CHAPITRE II



Formation du Colonage partiaire

## § 1er. — Consentement

Dans le colonage comme dans tout contrat, le lieu de droit est formée par *l'accord des parties*. Dans notre contrat cet accord doit porter 1° *sur la chose*, 2° *sur les conditions de la jouissance du colon*, 3° *sur la durée du bail*.

Si le consentement fait défaut, le contrat est radicalement nul. Il n'a jamais existé car c'est le consentement qui lui donne la vie.

Mais ce consentement, sans faire absolument défaut, peut être imparfait, affecté d'un vice : d'erreur, de violence ou de dol.

Dans ce cas le contrat a pris naissance, mais son existence est précaire, car il peut être attaqué d'un moment à l'autre par une action en nullité ou en rescision (art. 1117).

### A. — *Erreur*

L'erreur rend le contrat tantôt inexistant, tantôt annulable.

Elle rend le contrat inexistant quand elle est exclusive du consentement, ce qui a lieu lorsqu'elle porte soit sur la nature du contrat, par exemple : le preneur a cru faire *un bail à métairie* tandis que le bailleur entendait faire *un bail à ferme* ; soit sur l'objet du contrat par exemple le métayer a cru qu'on lui donnait la jouissance du domaine A tandis que dans l'idée du propriétaire, c'était le domaine B qui faisait l'objet du contrat.

En dehors de ces cas, l'erreur rend seulement le contrat annulable mais encore faut-il qu'elle réponde aux conditions de l'art. 1110, c'est-à-dire qu'elle porte soit sur la substance de la chose (ses qualités principales) soit sur la personne de l'un des contractants, toutes les fois que cette personne a été l'un des mobiles qui ont amené les parties à contracter.

Dans notre cas, l'erreur sur la substance n'est pas bien pratique. Généralement les métayers visitent les domaines avant de les prendre à bail et se rendent compte ainsi de leur composition.

Quant à l'erreur sur la personne, elle peut se produire à l'égard du *colon* ou à l'égard du *propriétaire*.

L'erreur qui porte sur la personne du colon entraîne la nullité car la considération de cette personne a été, suivant les termes de l'art. 1110, une des causes principales de la Convention.

L'erreur sur la personne du propriétaire n'est pas au contraire une cause de nullité car bien que la personne du propriétaire, (son caractère et ses ressources) ait une certaine importance pour le métayer, elle n'en a

cependant pas une capitale. C'est ce que confirme la loi
de 1889 qui décide que la mort du bailleur ne met pas
fin au contrat.

## *B. — Du Dol*

Le dol rend lui aussi le contrat annulable pourvu
qu'il réponde à certaines conditions mentionnées dans
l'art. 1116. Il faut *qu'il ait été pratiqué par l'une des
parties* le propriétaire ou le métayer et il faut *qu'il ait
amené l'autre partie à contracter* de telle sorte qu'elle
puisse soutenir que sans l'erreur dans laquelle le dol
l'a mise, elle n'aurait pas donné son consentement car
il faut évidemment que le dol ait réussi c'est-à-dire
qu'il ait produit l'erreur.

Ici se présente une question : la nullité du contrat
pour cause de dol ne se confond-t-elle pas avec la nullité
pour cause d'erreur puisque le dol suppose toujours une
erreur ?

Evidemment non. Et voici l'intérêt de la distinction.
En pratique l'erreur est la plus part du temps le résultat d'un dol mais elle peut se concevoir sans dol. Dans
ce cas pour être une cause de nullité du contrat l'erreur doit satisfaire aux conditions de l'art. 1110 c'est-à-
dire qu'elle doit porter soit *sur la substance de l'objet*
soit *sur la personne* lorsque la considération de cette
personne a été la cause de la convention. Au contraire
lorsque l'erreur est le résultat d'un dol il n'est pas
nécessaire pour que la nullité du contrat puisse être
demandée qu'elle ait les caractères exigés par l'art. 1110.

C'est ainsi que, si le propriétaire établit que le métayer
a employé des manœuvres frauduleuses pour le tromper
sur le nombre et sur l'âge de ses enfants, il pourra demander la nullité du contrat à condition qu'il prouve
que c'est parce qu'il croyait le métayer pourvu d'auxiliaires suffisamment forts qu'il lui a confié la métairie.

De même l'erreur sur la personne du propriétaire qui
sans dol ne serait pas une cause de nullité peuvent mo-
tiver une demande en nullité de la part du métayer s'il
établit qu'il y a eu dol.

Mais il faut toujours dans ce cas et dans tous les cas
semblables que le dol, cause de l'erreur, réponde aux
conditions exigées par la loi.

### C. — *Violence*

La violence peut aussi servir de base à une action
en nullité, quand c'est par suite de violence que le consentement a été arraché.

Un cas de violence qui s'est présenté quelquefois est
celui où un paysan menace le propriétaire de mettre le
feu à sa récolte s'il ne le prend pas comme métayer.

Mais les cas de violence sont rares dans un contrat
qui engendre entre les parties des rapports journaliers
et ne peut produire de bons effets, que si l'accord règne
entre elles.

Pour que la violence soit une cause de nullité, elle
doit répondre aux conditions exigées par les art. 1111,
1112, 1113. Il faut donc qu'elle soit de nature à faire
impression sur une personne raisonnable en ayant d'ail-

leurs égard à l'âge, au sexe et à la condition des personnes ; et il n'est pas nécessaire, comme en matière de dol, qu'elle ait été exercée par l'une des parties contractantes.

### § 2. — Capacité

La capacité des parties avant la loi du 18 Juillet 1889 faisait l'objet d'une controverse entre les partisans du louage et ceux de la Société.

Les premiers voyaient dans le colonage un acte d'administration, car le louage n'est pas autre chose. Voir Guillouard, p. 59.

Il en résultait d'après ces auteurs, que toutes les personnes ayant sur leurs biens un pouvoir d'administration pouvaient consentir un *bail à colonat*.

Au contraire les partisans de la société ne pouvaient voir dans un bail à métairie un simple acte d'administration. « Si le contrat de colonage est une société, on ne peut donner au tuteur le droit de traiter avec un colon sans reconnaître qu'il peut former une association dans l'intérêt du mineur. N'est-ce pas aller trop loin ? Le tuteur simple administrateur peut-il soumettre les biens de son pupille aux chances d'une société » ? (1)

La loi du 18 juillet 1889 a mis fin à cette controverse, l'art. 13 renvoie en effet à l'art. 1718 C. C. qui se trouve au titre de louage. Les règles qui régissent la capacité sont donc les mêmes dans le bail à métairie et dans le bail à ferme.

(1) Latreille. Revue critique XXIV p. 410.

### 1° Capacité du bailleur

Le bail à métairie étant comme le bail à ferme un acte d'administration, les personnes qui ont des pouvoirs d'administration sur un domaine sont capables de le bailler à métairie. Sont donc capables : le mineur émancipé, (484) l'individu pourvu d'un conseil judiciaire (513) la femme séparée de biens (1449 et 1536) le père qui durant leur minorité est administrateur des biens de ses enfants (389) le tuteur chargé d'administrer en bon père de famille les biens du pupille (450), l'usufruitier (595) le mari (1429-1430) l'envoyé en possession provisoire (125).

Au contraire le mineur non émancipé et l'interdit qui n'ont pas l'administration de leurs biens sont incapables de faire un bail à métairie. Il en est de même de la femme mariée sous le régime de communauté qui n'a pas l'administration de ses biens. Quant à la femme dotale, elle a l'administration de ses biens paraphernaux mais n'a pas celle de ses biens dotaux qui d'après l'art. 1549 appartient au mari.

*Baux de plus de 9 ans.* — Le simple pouvoir d'administrer ne suffit pas pour qu'on puisse consentir des baux d'une durée quelconque.

C'est ainsi que les baux de plus de 9 ans sont considérés comme excédant le simple pouvoir d'administrer. Pour faire de tels baux il faut avoir la capacité d'aliéner. Et en effet une si longue durée donne au bail le caractère d'une aliénation partielle car en engageant pour si longtemps la jouissance d'un domaine on risque fort de diminuer sa valeur mercantile.

Dans la pratique du métayage on ne voit guère de tels baux. Dans la plupart des pays les baux sont annuels.

Néanmoins, dans certains pays, on voit des baux à métairie de 3, 6, 9. M. de Tourdonnet cite le département de l'Ain qui serait dans ce cas (1).

Quand les baux de plus de 9 ans ont été consentis par des administrateurs de biens d'autrui le mari, le tuteur, l'usufruitier, il faut leur appliquer les art. 1429 et 1430 car bien que ces articles ne visent que les baux consentis par le mari, il faut les étendre à l'usufruitier (595) et au tuteur (1718).

Les baux de plus de 9 ans peuvent aussi être consentis par des personnes gérant leurs propres biens mais incapables d'aliéner.

Le mineur émancipé qui est capable d'administrer mais non pas d'aliéner pourra d'après M. Laurent même dans le cas où il n'aurait pas éprouvé de lésion agir en réduction du bail à 9 ans.

Quant à la femme séparée de biens, en vertu de l'art. 1449 qui décide qu'elle ne peut aliéner les immeubles sans le consentement du mari ou l'autorisation de justice nous lui interdirons les baux de plus de 9 ans. Si elle a contracté pour un plus long terme, elle ne sera liée que pour 9 ans.

(1) M. de Tourdonnet, Rapport de l'enquête.

Quant au pourvu d'un conseil judiciaire on a soutenu qu'il pouvait faire des baux de plus de 9 ans *attendu qu'il ne lui sont pas spécialement interdits par les art. 499 et 513.* Cette solution n'aurait pas de grands inconvénients en matière de métayage. Mais il est plus juridique d'admettre avec M. Laurent que le bail fait pour plus de 9 ans par un prodigue « ne le lie que « pour un terme de 9 ans » et, en effet, pour le surplus l'acte constitue une aliénation, or l'art. 499 défend les aliénations aux pourvus de conseil.

## 2° CAPACITÉ DU PRENEUR

Le preneur s'engage à travailler exclusivement sur le domaine qui lui est confié. S'il n'exécute pas cette obligation de faire, il encourt des dommages et intérêts et, l'art. 2102 grève ses meubles d'un privilège.

Son acte est donc beaucoup plus grave que celui du bailleur.

C'est pourquoi certains auteurs ont refusé au mineur même émancipé et à la femme séparée de biens de contracter un bail à métairie.

Quant à nous, nous ne voyons pas beaucoup l'intérêt de cette prohibition, le métayage nous paraissant être un excellent moyen pour les gens dépourvus de ressources de tirer parti de leur travail.

D'ailleurs ces hypothèses sont bien peu pratiques. Qui songera jamais à confier la culture d'un domaine à une femme ou à un mineur?

### INCAPACITÉ RELATIVE

Il n'y a qu'un seul cas d'incapacité relative de prendre à bail. C'est celle de l'art. 450 qui refuse au tuteur le droit de prendre à ferme les biens de son pupille à moins que le Conseil de famille n'ait autorisé le subrogé-tuteur à lui passer bail.

Faut-il étendre ce cas d'incapacité au colonage et faut-il défendre au tuteur de prendre à métairie le bien de son pupille ?

Sans doute la prohibition de l'art. 450 est moins utile dans le colonage que dans le fermage. Notre contrat aboutissant toujours à un partage de produits que les usages fixent la plupart du temps à la moitié, les fraudes de la part du tuteur seront beaucoup plus rares.

Cependant ces fraudes sont possibles car le colonage n'aboutit pas nécessairement à un partage par moitié et le tuteur peut insérer dans le contrat des clauses avantageuses pour lui et onéreuses pour le pupille, (prestations coloniques et autres.)

Aussi il eut été prudent d'étendre au colonage la disposition de l'art. 450. La loi de 1889 l'a-t-elle fait ? Nulle part la nouvelle loi ne contient de disposition expresse à ce sujet. Elle se contente de renvoyer à l'art. 1718 qui détermine la capacité générale en matière de louage. N'aurait-t-il pas mieux valu préciser davantage ?

### § 3. — Objet

Le métayage a pour objet l'obligation réciproque pour le bailleur et pour le preneur d'effectuer leurs apports.

L'objet de l'obligation sur le bailleur est la puissance d'un fonds. L'objet de l'obligation du métayer est l'apport de son travail.

#### 1° Objet de l'obligation du bailleur

L'art 1713 dit : on peut louer toutes sortes de biens, meubles et immeubles. Tout ce qui est dans le commerce peut en principe faire l'objet d'un contrat de louage. L'objet du contrat de métayage doit répondre à une autre condition, il faut qu'il soit *frugifère* puisque comme le fait remarquer M. Guillouard (1), le prix du bail consiste précisément dans la répartition des *fruits* entre le bailleur et le preneur.

Mais parmi les choses frugifères il y en a qui produisent des fruits pour ainsi dire spontanément sans l'intervention du travail de l'homme. On a cité comme exemple les étangs, les lacs, les bois.

Ces différents biens peuvent-ils faire l'objet d'un bail à métairie ?

Pour répondre à cette question, nous devons remarquer que dans le métayage, l'obligation du propriétaire

(1) Guillouard n° 615.

consiste à procurer la jouissance du domaine, celle du métayer à fournir son travail, or l'exécution de cette dernière obligation devient impossible en face d'un objet qui produit des fruits sans l'intervention du travail de l'homme.

Tout se ramène donc à une question de fait. Le travail de l'homme est-il intervenu pour une proportion suffisante dans la production des fruits ? Dans ce cas le bien qui les a produits peut faire l'objet d'un contrat de métayage. Or il nous semble que la pêche d'un étang ne peut pas être considérée comme un travail suffisant pour permettre à ces sortes de biens de faire l'objet d'un contrat de métayage.

Sans doute un propriétaire peut confier l'entretien d'un étang aux soins d'un individu qu'il rétribuera en lui donnant la moitié des produits, mais cet individu n'est pas un métayer, c'est un ouvrier rétribué avec une part de fruit, c'est un *politor* (1).

La loi de 1889 tranche d'ailleurs la controverse dans notre sens de l'aveu même de M. Guillouard qui avant cette loi était partisan de l'opinion contraire. Notre loi emploie en effet l'expression *d'héritage rural* qui ne peut s'appliquer à un étang, à une rivière à toute espèce de biens ne pouvant faire l'objet d'une exploitation agricole.

Que déciderons-nous relativement au bois ? Peuvent-ils faire l'objet d'un contrat de métayage ?

(1) En ce sens Méplain n° 49.

M. Méplain admet la négative et ne les comprend dans le bail à métairie que pour le pacage, la glandée. « La garde des bestiaux, dit-il, est un travail dans lequel peut se trouver l'apport de celui qui en serait chargé » Ce qui implique que, sous les autres rapports, les bois ne sont pas compris dans le bail à métairie.

La solution de Méplain s'appuie sur ce que on ne peut considérer comme un travail de culture à proprement parler, l'exploitation des forêts. C'est une opinion qui prête tout au moins à la discussion. Le mieux est, sur la matière, de s'en référer aux usages locaux.

La plupart des baillettes de la Haute-Vienne stipulent que les bois compris dans la métairie seront réservés pour le maître. Cette clause est une preuve que les usages ne sont pas formels dans le sens de la négative. Sans cela il serait inutile de l'insérer. Cependant un arrêt de la Cour de Limoges du 11 juin 1857 décide « que le colon perpétuel, pas plus que le colon ordinaire, n'a droit à la coupe des taillis, même quand il offrirait de prouver avoir autrefois partagé certaines coupes avec les précédents propriétaires. »

*Quid des carrières?* Cette question pouvait se poser avant la loi de 1889 bien que la plupart des auteurs aient admis la négative en se basant sur cette considération que le colonage implique l'idée d'une *culture* et qu'on ne peut qualifier ainsi l'exploitation d'une carrière.

D'ailleurs ajoutait-on dans le bail partiaire le fonds doit se conserver intact tandis que dans l'exploitation d'une carrière c'est le fonds même qui est mis en commun (1).

Depuis la loi de 1889 il n'y a plus de controverse possible car il est évident que les carrières et les mines ne sont pas des *héritages ruraux*, or, d'après l'art. 1<sup>er</sup> de la nouvelle loi, les *héritages ruraux seuls* peuvent faire l'objet du métayage.

*Conséquences* : Il résulte de ces principes que 1° les lacs, les bois, les étangs et les carrières, compris dans le territoire d'une métairie sont réservés aux propriétaires à moins de clauses spéciales.

2° que la concession de la moitié des produits d'un étang, d'un bois etc., ne serait pas un bail à colonat partiaire et que par conséquent les dispositions de la loi de 1889 seraient inapplicables à de telles concessions.

*Les biens de l'Etat des communes et des établissements publics peuvent-ils faire l'objet d'un bail à métairie ?*

Relativement aux biens de l'Etat, la loi du 5 novembre 1790 va nous servir à répondre. Elle prescrit d'une part *l'adjudication des baux aux enchères* et d'autre part l'insertion dans le cahier des charges d'une clause qui déclare que l'adjudicataire ne pourra réclamer *aucune indemnité ou diminution du prix de son bail* en aucun cas même pour stérilité, inondation, grêle, gelée, ou tout autre cas fortuit. (art. 19).

Ces deux dispositions ne se comprennent évidemment

(1) Méplain, n° 51.

pas à l'occasion d'un bail partiaire. D'où nous conclurons que les biens d'Etat ne peuvent faire l'objet d'un tel bail.

Quant aux biens des communes ou des établissements publics, le cahier des charges est rédigé par le maire, la commission administrative de l'hospice ou le bureau de bienfaisance. La loi n'impose l'insertion d'aucune clause spéciale dans ce cahier des charges, mais elle exige toujours qu'on ait recours à la formalité des *enchères*.

Ajoutons qu'en ce qui concerne les biens de l'Etat, des communs ou des établissements publics, les nécessités pratiques rendraient l'application de notre contrat très difficile.

### 2° Objet de l'obligation du métayer

Procurer la jouissance d'un domaine. Tel était l'objet de l'obligation du propriétaire.

Quant au colon, il s'oblige à cultiver et ensuite à partager avec le propriétaire les produits du domaine.

La quote part qu'il doit au propriétaire peut varier : elle peut être du tiers, du quart etc, mais en l'absence de stipulation ou d'usage contraire, elle est de moitié (loi de 1889, art. 2).

Souvent la quote-part se combine avec d'autres prestations déterminées (poulets, œufs) et même avec une certaine somme d'argent payable chaque année à laquelle on donne le nom de *prestation colonique* ou d'*entrées*.

Nous reparlerons plus tard de cette prestation qui a soulevé de vives critiques.

Pour le moment, bornons nous à étudier une question relative à l'obligation qu'a le métayer de partager les fruits.

*Une métairie a fait l'objet d'un usufruit, l'usufruit vient à s'éteindre; avec qui, du propriétaire ou de l'usufruitier, le métayer devra-t-il partager les fruits ?*

Avant de répondre à cette question, il faut remarquer que tandis que le prix des baux à ferme est un fruit civil (art. 586) (1) les fruits de la métairie sont des fruits naturels. « En effet le fermage est le prix que le « fermier paye au bailleur pour les fruits qu'il a le droit « de percevoir; le colon partiaire ne paye aucun prix; ce « sont les fruits même du fonds qui se partagent en- « tre lui et le propriétaire » (2).

Il en résulte que l'usufruitier acquière les fruits de la métairie seulement par la perception. D'où cette conséquence que le métayer partagera avec l'usufruitier tous les fruits perçus pendant la durée de l'usufruit. Au contraire c'est avec le propriétaire que le métayer partagera les fruits pendant par branches et par racines au moment où finit l'usufruit ainsi que le produit des

---

(1) Dans l'ancien Droit quoique les fermages fussent considérés comme fruits civils, néanmoins comme ils représentaient les fruits naturels auxquels l'usufruitier n'a droit que par la perception, on appliquait au fermage le principe des fruits naturels. (Laurent Tome VI § 399).

(2) Laurent, ibidem).

ventes de bétail postérieures à la durée de l'usufruit
(585).

Ce même principe si nous l'appliquons à la communauté qui a l'usufruit des biens propres des époux
nous conduira à la solution suivante : Le colon devra
partager avec la communauté les fruits qu'il aura perçus pendant sa durée ; quant aux fruits perçus après la
dissolution de la communauté il devra les partager
avec l'époux auquel appartient le domaine qui les a
produits.

### § 4. — Durée du Métayage

#### 1° Baux Ordinaires

Le rapport de M. de Tourdonnet auquel a donné lieu
l'enquête ouverte en 1879 par la société des agriculteurs
de France constate que la majorité des baux sont annuels tout en observant cependant que dans un certain
nombre de pays les baux ont une durée de 3, 6 ou 9 ans
comme dans l'Ain par exemple (1).

Mais dans la majorité des départements où le métayage est pratiqué les baux sont annuels (2).

Un terme aussi court a été critiqué, on lui a reproché

(1) De Tourdonnet p. 310.
(2) Il est ainsi dans la Haute-Vienne.
« A défaut de convention sur ce point les baux ruraux d'après
« l'usage du Limoussin sont censés faits pour une durée d'une
« année ».
　　　Cour de Limoges arrêt du 20 décembre 1821.

d'être contraire aux intérêts de l'agriculture. Le métayer, a-t-on dit, ne songera pas à bien aménager le domaine, son seul souci étant de vivre au jour le jour.

Certes il serait puéril de dénier les avantages des baux à longue durée mais on peut expliquer sinon justifier la courte durée habituelle des baux à métairie en faisant observer que notre contrat ne peut produire de bons effets que dans le cas d'une entente cordiale entre les deux associés le propriétaire et le colon, que par conséquent les deux parties sont intéressées à ce que le contrat cesse dès que cette entente vient elle-même à cesser. Liés malgré eux par les clauses d'un contrat leur association ne produirait que de mauvais effets.

D'ailleurs, en fait, les propriétaires ne changent de métayers que lorqu'ils s'y trouvent absolument forcés par l'insuffisance ou l'impéritie de ces derniers, car ces changements de métayers sont toujours onéreux.

Remarquons d'ailleurs que c'est un mauvais calcul pour un métayer de rester sur un domaine trop fort pour lui.

Enfin, on peut dire en faveur des baux annuels qu'ils sont un stimulant pour le métayer. Sûr, s'il travaille bien, d'être conservé, il craindra s'il ne remplit pas ses obligations consciencieusement d'être renvoyé.

Le terme du bail est fixé à une époque qui varie suivant les pays. Dans la Haute-Vienne l'époque des déménagements est fixée en général au commencement de novembre (1).

(1) Cette époque a été vivement critiquée parce que le colon

Congé. — *Si le bail a été fait sans écrit* l'une des parties ne pourra donner congé à l'autre qu'en observant les délais fixés par l'usage des lieux. Cette disposition résulte de l'art. 13 de la loi de 1889 qui renvoie à l'art. 1736. D'après les usages de la Haute-Vienne ces délais sont d'un mois d'avance en général.

*D'après l'usage généralement établi dans la Haute-Vienne, le propriétaire peut donner verbalement congé à son colon partiaire et à moins d'un usage local contraire, il suffit que cet avis de congé soit donné un mois à l'avance. (Arrêt de Limoges 4 juillet 1865).*

*Au contraire si le bail a été fait par écrit* il cesse de pleins droit à l'expiration du terme fixé sans qu'il soit nécessaire de donner congé.

La cessation du bail de plein droit par l'arrivée du terme fixé résulte de l'art. 13 de la loi de 1889 qui renvoie à l'art. 1737 (1).

prévenu de son départ dès le mois de septembre ou octobre fera les semences dans de mauvaises conditions.

Si l'époque de la sortie était fixée au mois de mars cela vaudrait bien mieux car en mars toutes les semences sont depuis longtemps faites et la germination qui commence permet même au propriétaire de s'assurer qu'elles ont été bien faites.

(1) Par cette disposition la loi de 89 a tranché une controverse. Voici un arrêt de la Cour de Limoges où on appliquait un autre système : depuis le fameux arrêt de 1837 la Cour de Limoges regardant le métayage comme un contrat de société refusait de lui appliquer les règles du louage, aussi elle décide, qu'en matière de congé, les règles relatives aux baux à ferme telles qu'elles sont établies par le Code civil ne reçoivent pas d'application aux baux à colonage partiaire; en conséquence ces baux ne cessent pas de plein droit à l'expiration du temps pour lequel ils sont censés faits ; il n'y a d'autre règle à cet égard que l usage local.

                              (Limoges 18 mars 1842)

Cette disposition entraîne une conséquence mentionnée dans l'art. 1740 : à l'arrivée du terme *le bail a pris
fin* et quand bien même le preneur resterait sur le domaine, ou ne pourrait considérer ce fait comme résultant de la continuation du bail précédent, ce serait en
vertu d'un nouveau bail qu'il resterait. Dès lors l'obligation principale venant à s'éteindre, elle entraine avec
elle l'extinction des obligations accessoires d'où cette
conséquence que la caution donnée pour le bail précédent
ne s'étend pas aux obligations résultant de la prolongation. Ce résultat est mentionné dans l'art. 1740 que
l'art. 13 déclare applicable au métayage (1).

### 2° Baux de longue durée

Dans notre ancien droit on montrait un grand nombre de baux à métairie perpétuels. Certains auteurs y
voyaient des aliénations, les autres y voyaient de simples droits de créance créés au profit du preneur.

Quand la loi des 18-29 décembre 1790 abolit la perpétuité des baux, un grand nombre de procès s'élevèrent
dans la suite sur la façon dont devaient prendre fin les
anciens baux perpétuels.

Ceux qui voyaient dans ces baux des aliénations de
propriété au profit du métayer permettaient à ce dernier
de racheter sa redevance et de rester propriétaire de la
métairie.

(1) Une caution peut en effet intervenir dans le colonage pour
garantir le paiement de la prestation colonique ou les indemnités
dues par le colon au propriétaire.

Ce système fut suivi en particulier par un arrêt de la Cour de Cassation de 1835, cassant un arrêt de la Cour de Limoges du 1er juillet 1831 qui d'après le second système déclarait « que le bailleur ne pouvait pas être exproprié par le preneur qui possède simplement un droit de créance dont la durée se trouve limité à 99 ans à partir de la loi du 29 décembre 1790. »

Néanmoins le second système continua d'être suivi par la Cour de Limoges ainsi que le prouvent les registres du greffe dont nous extrayons les arrêts suivants : *Le colonage perpétuel ne constitue pas un jus in re : mais il donne droit au colon expulsé à une indemnité proportionnée à la mise fournie par les auteurs et à leurs travaux. Limoges 19 Nov. 1835.*

Dans un autre arrêt du 27 août 1836 la même Cour décide : *De la perpétuité du bail ne résulte pas une véritable aliénation de la part du bailleur au profit du preneur.*

La Cour de Cassation dans un arrêt de 1840 (1), a abandonné la jurisprudence de 1835 pour revenir à celle constamment suivie par la Cour de Limoges.

Ceci dit, sur une question qui n'est plus à l'ordre du jour, il nous faut remarquer que la loi de 1889 prohibe formellement le colonage perpétuel dans son chapitre I où il est dit : « C'est le contrat par lequel le possesseur d'un héritage rural le remet *pour un certain temps* à un preneur..... »

_______

(1) 11 août 1840. Sirey 1840. I. 673.

Ces mots *pour un certain temps* sont significatifs. Ils ne se trouvaient pas dans le projet du gouvernement mais la commission du Sénat les fit insérer.

N'était-ce pas superflu en face de la prohibition de la loi de 1790 ? Non, car la loi de 1790 parle des baux en général et non pas des baux à métairie spécialement. Il en résulte que pour ceux qui ne voyaient pas dans le métayage un véritable bail, la loi de 1790 ne devait pas recevoir d'application.

La loi de 1889 en insérant cette restriction a voulu montrer que bien que le métayage fut un contrat sui generis il était cependant soumis à la règle de l'art. 1709 (1).

## § 5. — Preuve du Contrat

### 1° Bail écrit

Le bail à métairie est un contrat consensuel, il est donc parfait par le seul consentement des parties. La rédaction par écrit n'a aucune influence sur son existence mais elle peut être utile pour la prouver (2).

Remarquons cependant que la rédaction par écrit a

(1) Si le métayage était un louage la règle de l'art. 1709 eut suffi-c'est encore un argument pour le système qui voit dans le métayage un contrat spécial.

(2) Toutefois, et bien que l'écriture ne soit pas nécessaire pour la perfection du contrat, elle le devient lorsque les parties dans leur convention ont soumis l'existence du contrat à la rédaction écrite. Dans ce cas, la convention reste à l'état de simple projet jusqu'au moment de sa rédaction par écrit.

un grand intérêt dans le cas où le bailleur vend la
métairie.

En effet pour que l'acquéreur ne puisse expulser le
le métayer, il faut que celui-ci soit en état de lui opposer un bail authentique ou dont la date soit certaine.
Cela résulte de l'art 1743 que la loi de 1889, art 7, déclare applicable au métayage.

L'écrit peut-être un acte notarié ou sous-seing privé.
Dans ce dernier cas, il doit être rédigé en double exem-
plaire que lque soit le nombre des contractants. L'art. 1325
décide, en effet, que l'acte doit être rédigé en autant
d'originaux qu'il y a de parties ayant un intérêt distinct
et *qu'il suffit d'un original pour les personnes ayant
le même intérêt.*

Or, dans le métayage, il n'y a jamais que deux intérêts
distincts ; celui du ou des propriétaires d'une part et d'autre part celui du ou des métayers. Donc il suffit de deux
originaux, l'un pour tous les propriétaires, l'autre pour
tous les métayers intervenus dans le même contrat (1).

*Dans le cas de bail écrit, qui paiera le prix du bail?*
La loi de 1889 ne contient aucune règle sur ce sujet.

Avant la loi de 1889 les partisans du louage mettaient
le coût du contrat à la charge du preneur en se confor-
mant à l'art 1728 (2).

Au contraire les partisans de la Société, comme
M. Méplain, étaient d'avis que « le contrat étant une

______

(1) Le cas que nous avons principalement en vue est celui où
deux ou plusieurs métayers s'associent pour cultiver un domaine.
(2) Méplain p. 64 n° 72.

« société, l'acte qui en détermine les conditions est un
« fait social dont les parties doivent supporter la charge
« en commun ».

Sous l'empire de la loi de 1889 que va-t-il se passèr ?

Selon nous, puisque cette loi renvoie à l'usage local
pour les questions qu'elle n'a pas tranchées, c'est
l'usage local qui devra déterminer à qui incombera
le coût du contrat, or comme le constate M. Méplain (1)
la plupart des usages locaux le font supporter au métayer. — « Serait-ce donc, observe-t-il, toujours au
« même endroit, parce que le colon est le plus pauvre
« qu'il doit supporter seul une dépense faite dans l'in-
« térêt commun ? »

### 2° CAS OU LE BAIL EST SANS ÉCRIT

Ceci dit, sur le bail constaté par écrit, examinons le
cas où il n'existe pas d'écrit et où l'une des parties vient
à nier une obligation à laquelle l'autre partie la prétend
astreinte, c'est le cas où se pose la question spéciale de
preuve. D'après quelles règles cette question devra-
t-elle être résolue ? Par le droit commun des art. 1341
et suivants ou d'après les règles spéciales des art.
1715 et 1716.

La loi de 1889 n'a malheureusement pas tranché la
question.

Son silence a été interprété de 2 façons. Les uns disent : le silence de la loi de 1889 ne peut pas suffire pour

______

(1) Méplain ibidem.

abroger les dispositions que le code a édictées pour le bail
à métairie comme pour le bail à ferme : le rapporteur
le déclare lui-même lorsqu'il dit qu'elle a seulement
pour but de compléter les dispositions du Code Civil ..
En cette matière, nous devons donc admettre les dispositions des art. 1715 et 1716.

Les autres et parmi eux nous citerons un auteur dont
l'opinion a d'autant plus de prix qu'il est partisan de
l'assimilation du colonage au louage, même depuis la
loi de 1889, nous avons nommé M. Guillouard, d'autres
dis-je, ne regardent pas comme possible l'application
au métayage des art. 1715 et 1716, mais soumettent la
preuve du contrat aux règles du droit commun c'est-à-
dire admettent la preuve testimoniale quand la valeur
de l'objet ne dépasse pas 150 francs, en vertu des art.
1341 et suivants.

« En effet dit M. Guillouard (1) les art. 4, 7 et 13 de
« la loi de 1889 indiquent quels sont les articles du louage
« applicables au colonage partiaire et les art. 1715 et
« 1716 n'y figurent pas, silence d'autant plus significatif
« que l'art. 13 renvoie aux dispositions de la section
« première du titre du louage, contenues dans l'art. 1718
« et dans les art. 1736 à 1741 inclusivement ce qui exclut
« tout renvoi aux art. 1715 et 1716. »

Nous n'hésitons pas à nous rallier à cette opinion (2)
et à décider que la preuve des baux verbaux doit être

_____

(1) Guillouard, tome II n° 633 VII bis édit. 91.

(2) En ce sens Massigli Gde. Encyclopédie Tome XI. au mot
colonage.

soumise aux règles des art. 1341 et suivants c'est-à-dire aux règles générales des obligations. — Jusqu'à concurrence de 150 francs la preuve par témoins sera donc admise et même au-dessus de 150 francs s'il existe un commencement de preuve par écrit. En dehors de ces cas la preuve par témoins doit être écartée.

Nous ferons toutefois l'observation suivante : La loi de 1889 déclarant dans son art. 13 que le bail à calonage est régi par l'usage local pour toutes les questions qu'elle n'aura pas réglées, il faut soumettre d'abord la preuve du contrat verbal aux règles de l'usage local et c'est seulement dans le silence de cet usage qu'il faut avoir recours aux dispositions des art. 1341 et suivants.

Ces principes généraux une fois posés, il nous faut examiner quels sont les différents cas où peut se présenter cette question de preuve.

Ils sont au nombre de quatre : 1° La contestation porte sur l'existence du contrat. 2° Sur le montant de la prestation. 3° Sur la durée du bail. 4° Sur les articles du compte.

### 1° L'EXISTENCE DU CONTRAT EST CONTESTÉE

Dans ce cas le demandeur pourra prouver par témoins l'existence du contrat jusqu'à concurrence de 150 francs (art. 13 loi 1889 — art. 1341 C. C.) Il pourra même recourir à la preuve testimoniale quelle que soit la valeur de l'objet s'il y a un commencement de preuve par écrit.

Mais quelle est la valeur que l'on doit considérer pour

savoir si elle excède oui ou non 150 francs? En d'autres termes, comment peut-on établir le revenu en argent de la métairie? Il nous semble que par un argument d'analogie, il faut appliquer à cette question la
disposition de l'art. 3 de la loi de 1838 relative à la compétence des Juges de Paix. Or, d'après cette loi, la base
du revenu est le principal de la contribution foncière
de l'année courante multiplié par 5. Si donc le revenu
de la propriété établi d'après ce calcul n'excède pas 150
francs la preuve par témoins devra être admise (1).

En admettant maintenant que le demandeur ne puisse
recourir à la preuve testimoniale il a une double res-
source : (1°) Déférer le serment à celui qui nie la convention. En effet d'après l'art. 1358 Code civil le serment
décisoire peut être déféré sur quelqu'espèce de contestation que ce soit tandis que le serment supplétoire ne
peut être déféré lorsque l'objet du débat dépasse 150
francs qu'autant qu'il existe un commencement de
preuve par écrit. (Cass. 24 juillet 1865. Sir. 65. 1. 405),

2° Le demandeur a encore un autre moyen de preuve
que lui fournit l'art. 324 Code de Procédure Civile qui
déclare que « les parties peuvent en toutes matières et
« en tout état de cause demander de se faire interroger
« respectivement sur faits et articles pertinents concer-
« nant seulement la matière dont est question. »

Enfin, par application de l'art 1347 la preuve par

(1) Dalloz. V. Louage à colonage partiaire n° 8. « Quand l'existence d'un bail partiaire est contestée si la valeur de l'objet ne dépasse pas 150 francs la preuve peut être faite par témoins. »

témoins sera admise même au-dessus de 150 francs,
s'il existe un commencement de preuve par écrit (1).

## 2° CAS OU LE MONTANT DE LA PRESTATION EST CONTESTÉE

En matière de louage il y a une différence quant à la
preuve entre la contestation sur l'existence du contrat
et la contestation sur le montant du prix — l'une est
réglée par l'art. 1715, l'autre par l'art. 1716.

En notre matière la règle est la même dans les deux
cas, qu'il s'agisse de l'existence du contrat ou du montant de la prestation. C'est toujours l'art 1341, qu'on
appliquera.

Remarquons d'ailleurs que la contestation s'élèvera
rarement sur la quotité de la prestation principale qui
est toujours de moitié en l'absence de stipulation contraire (Loi de 1889 art. 2) mais elle pourra s'élever sur
le montant de la prestation colonique et sur les différentes redevances accessoires (pullos et ova).

Dans ce cas devra-t-on considérer ces prestations accessoires séparément de la prestation principale et permettre la preuve par témoins si elles n'excèdent pas
150 francs ? Nous ne le croyons pas car c'est la valeur
de la prestation tout entière que l'on doit considérer et
non pas seulement la valeur d'une partie de la prestation.

Une règle générale domine d'ailleurs cette matière,
c'est celle de l'art. 1162 : les conventions s'interprètent
en faveur du débiteur. Les juges devront donc ne donner

(1) Limoges 30 juillet 1826 (S. 26. II. 427).

gain de cause aux réclamations du demandeur que dans le cas où elles seraient parfaitement justifiées.

### 3° La contestation porte sur la durée.

Nous appliquerons ici la règle générale de l'art. 1341. On exigera les mêmes conditions que pour la preuve de l'existence du contrat car la preuve de l'existence d'un contrat et la preuve de sa durée se confondent presque.

On admettra donc la preuve par témoins, si l'intérêt est inférieur à 150 francs ou dans le cas où il serait supérieur s'il y a un commencement de preuve par écrit.

C'est d'ailleurs l'opinion de Laurent (1).

### 4° La contestation porte sur les articles du compte

« Le contrat de métayage dit M. Million dans son
« rapport (2), établit des relations continuelles entre le
« propriétaire et le métayer ; l'un et l'autre font journel-
« lement des recettes ou des avances dans un intérêt
« commun ; il serait difficile de les astreindre à un mode
« fixe de preuve. Aussi l'art. 11, a-t-il du étendre le
« pouvoir du juge, en matière de preuve, en lui indi-
« quant qu'il doit surtout se faire mettre sous les yeux
« les registres des parties ; il permet au juge de recou-
« rir à la preuve testimoniale, s'il le juge convenable.

« Cette facilité d'admettre le mode de preuve qu'il ju-

(1) Laurent XXV. n° 83.
(2) Ch. des Députés rapport de M. Million.

« gera le plus utile à la vérité n'est pas limitée au juge
« de paix ; il est certain par le texte même de l'art.
« qu'elle suit le litige devant le juge d'appel ».

Ainsi donc, s'il s'élève une contestation relative à des
articles du compte (sur telle vente ou tel achat par exemple), alors que les obligations du contrat ne sont pas
contestées, le juge de paix est compétent si l'objet de la
contestation ne dépasse pas le taux de sa compétence
générale en dernier ressort et à charge d'appel à quelque somme qu'il puisse s'élever et, pour faciliter la
preuve, la loi permet au juge de paix de statuer sur le
vu des registres des parties et même de recourir à la
preuve par témoins quand bien même l'objet de la contestation serait supérieur à 150 francs.

De cette facilité dans le mode de preuve les parties
bénéficieront non seulement devant le juge de paix mais
aussi devant le juge d'appel. Législation vraiment pa-
ternelle et bien conforme à l'esprit de notre contrat.

### § 6. — **Enregistrement**.

Bien que loi de 1889 dont nous nous sommes proposé
l'étude ne parle pas de l'enregistrement et le laisse
soumis par conséquent à la législation antérieure, nous
croyons pour être complet devoir dire quelques mots
de la question.

La loi du 22 Frimaire an VII art. 15 décidait que les
baux à colonat partiaire seraient soumis à un droit proportionnel comme les baux à ferme. Et ce droit n'était

dû qu'autant que les baux avaient fait l'objet d'un écrit.

En 1871, la loi soumit à l'obligation de la déclaration et au paiement du droit les *locations purement verbales*. Cette rédaction permettait de croire que la loi de 1871 soumettait à l'enregistrement le métayage verbal. Mais cette induction qu'on aurait pu tirer des termes mêmes de la loi de 1871 se trouvait détruite par les travaux préparatoires de cette loi qui déclaraient que le colonage partiaire n'était pas visé par la loi de 1871.

**Ainsi** donc, d'une part le *contrat de métayage écrit* était soumis à l'enregistrement comme le louage tandis que d'un autre côté *le métayage verbal* n'y était pas soumis, « parce que dit le rapporteur le métayage n'est pas un louage mais une association. » Mauvaise raison évidemment, car la rédaction d'un écrit ne peut changer la nature du contrat.

C'est alors que vint la loi du 28 Février 1872 qui frappait les actes de société d'un droit gradué sur le montant des apports. Par application de cette loi, l'administration de l'enregistrement réclama un droit gradué sur les baux partiaires en invoquant la qualification de société que les travaux préparatoires de la loi de 1871 leur avaient donnée.

La question fut soumise au tribunal de Brives qui donna gain de cause à l'administration dans un juge-ment du 8 août 1873 (1).

Mais la Cour de Cassation repoussa ce système par

(1) Sirey. IV. 73. 2. 308.

arrêt du 8 février 1875. Le motif qui semble avoir frappé la Cour de Cassation est que le droit gradué des sociétés arrivait parfois à être plus élevé que le droit proportionnel de 0,20 0[0 auquel le louage est soumis. Dès lors il lui parut injuste de soumettre le métayage, régime généralement pratiqné dans les pays pauvres, à des conditions plus onéreuses que le bail à ferme.

De plus, l'interprétation du tribunal de Brives comme le faisait remarquer la Cour de Cassation était contraire à la loi du 22 frimaire an VII art. 15 qui lorsqu'il pose la règle de liquidation du *droit proportionnel* en ce qui concerne les baux à ferme ou à loyer en général, mentionne le bail à portion de fruits et prescrit de recevoir le droit d'enregistrement sur la part de fruits revenant au bailleur. « En présence de ces dispositions aux quelles il n'a été abrogé par aucune des lois survenues depuis sur l'enregistrement, il n'est pas possible , disait l'arrêt, de considérer les baux *à métairie* pour l'application de la loi fiscale, comme participant en une manière quelconque du contrat de société ;..... que les affirmations de la loi du 23 août 1871 à propos de dispositions ayant pour objet d'atteindre les locations verbales n'ont pu, en tout cas, avoir pour objet de changer soit la quotité soit la nature des droits établis par les lois préexistantes sur les baux en général, qu'il suit de là qu'en décidant que le droit fixe établi sur les actes de société et converti ou droit gradué par la loi du 28 février 1872 avait été justement appliqué au bail à colonage constaté par acte du 25 octobre 1872, le juge-

ment attaqué a faussement appliqué les articles 1 et 2
et l'art. 4 de la loi du 16 juin 1824 ; casse etc. D (1).

La doctrine de la Cour de Cassation a été acceptée
par l'administration de l'enregistrement. Il en résulte
que suivant l'ancienne distinction les baux écrits seront soumis à l'enregistrement tandis que les baux verbaux en seront exempts. Il en résulte que quant aux :

### Baux verbaux

Les parties ne seront tenues d'aucune déclaration
pour la part proportionnelle de fruits que le métayer
doit livrer au propriétaire.

Cela est admis par l'administration elle-même mais
en ce qui concerne, non plus la part de fruits, mais les
prestations accessoires qui viennent s'y ajouter (lait-
beurre-œufs etc). et la *prestation colonique* l'administration a soutenu que ces prestations, étant fixes, constituaient un contrat de louage superposé et elle a exigé
de ce chef le paiement du droit.

C'est là une fausse doctrine. le contrat de métayage
comme on l'a dit ne peut pas se dédoubler, les prestations accessoires en font partie au même titre que la
prestation principale et c'est là qu'il est vrai de dire
*accessorium sequitur principale.*

### Baux écrits

Seuls ils sont soumis à l'enregistrement. Mais seront-
ils assimilés à des baux à ferme ou à des sociétés ? La dé-

(1) Dalloz. 75. I. 170.

cision de la Cour de Cassation ne laisse plus aucun doute. Il sont assimilés au louage au point de vue de l'enregistrement.

Examinons dès lors le *quantum du droit.*

Tout d'abord, il s'agit d'établir la somme sur laquelle on calculera le droit proportionnel.

Dans le louage, cette somme c'est le prix du bail, dans le métayage on évalue le bénéfice annuel que le propriétaire doit retirer de l'exploitation en calculant la valeur de la part de récolte qui revient au propriétaire d'après le taux commun des mercuriales des trois dernières années et en y ajoutant la moitié du bénéfice fait sur la vente des bestiaux et le montant des prestations coloniques. D'ailleurs en général l'administration s'en remet aux déclarations des parties.

On obtient ainsi un revenu que l'on multiplie par le nombre d'années indiquées au bail, ou par 25 si la durée est illimitée (cequi ne peut plus avoir lieu) ou par douze et demie si le bail est à vie (loi du 22 frimaire an VII modifié pour les immeubles ruraux par la loi du 21. juin 1875 art. 2).

On multiplie ensuite la base ainsi établie par le droit proportionnel de 0, 25 0/0 (20 0/0 plus les décimes). Si le bail est de plus de 18 ans il sera dû en outre un droit de 1 1/2 0/0 et les décimes en plus pour la transcription (1).

Si le colon a dû. fournir caution il y aura un droit

(1) Loi du 28 avril 1816, art. 54 et loi 23-26 mars 1855, art. 2 al.4.

supplémentaire de dix centimes pour cent francs (1).

D'ailleurs le paiement par fraction de trois ans est autorisé quand bien même il s'agirait d'autres baux que ceux à période de 3-6-9 (2).

### 3° Délais d'enregistrement

L'art. 20 de la loi du 22 Frimaire an vii décide que si le bail est authentique, le délai est de *10 jours* pour les actes des notaires qui résident dans la commune où se trouve le bureau d'enregistrement ; de *15 jours* dans le cas contraire.

Si le bail est sous seing privé l'art. 22 de la même loi déclare qu'il doit être enregistré dans les *3 mois* de sa date.

Quid quand le bail n'a pas été enregistré dans les délais prescrits ? Les parties sont alors frappées d'une amende de 62 fr. 50, décimes compris.

Les baux authentiques ne peuvent être enregistrés qu'aux bureaux dans l'arrondissement desquels réside le notaire qui les a faits ; les actes sous seing privé dans tous les bureaux (3).

---

(1) Loi 16 juin 1824, art. 1er.
(2) Art. XI, loi du 23 août 1871.
(3) Art. 26, loi du 22 Frimaire an vii.

# CHAPITRE III



## *Section I. — Obligations du Bailleur et du Preneur*

Le contrat de colonage engendre des obligations pour le bailleur et pour le preneur ; nous allons étudier successivement ces deux espèces d'obligations. Mais commençons d'abord par observer que d'ordinaire les parties profitant de la liberté que la loi leur laisse prennent soin de déterminer avec détail leurs obligations réciproques. Dans ce cas, point de difficultés, la convention sera la loi des parties.

Mais, si elles ne se sont pas expliquées ou si, tout au moins elles ont laissé un certain nombre de points dans l'incertitude, elles se trouveront soumises à la loi de 1889.

Nous allons donc examiner quelles sont, d'après cette loi, les obligations réciproques du bailleur et du preneur à métairie.

### § 1er. — Obligations du bailleur

L'art. 3 de la loi de 1889 détermine les principales obligations du bailleur.

« Le bailleur est tenu à la délivrance et à la garantie « des objets compris au bail. Il doit faire aux bâtiments .« toutes les réparations qui peuvent être nécessaires. »

Dans cet article, la loi de 1889 reproduit les dispositions de l'art. 1719. Nous y voyons les trois obligations auxquelles est soumis le bailleur à ferme ; 1° délivrer au preneur la chose louée ; 2° entretenir la chose louée à l'usage pour lequel elle a été louée ; 3° en assurer la jouissance paisible.

#### 1° OBLIGATION DE DÉLIVRANCE DES OBJETS COMPRIS DANS LE BAIL

Le colon doit être mis en possession de la métairie à l'époque fixée par la convention ou l'usage (1).

La délivrance doit porter sur toute la contenance déclarée.

Dans le bail à ferme si la contenance réelle ne correspond pas à la contenance déclarée, l'art. 1765 renvoie aux art. 1617, 1618, 1619 du titre de la vente d'après les-

---

(1) Si par suite d'un procès qui serait intenté par un particulier le propriétaire ne pouvait mettre le colon en possession de la métairie, le métayer pourrait réclamer des dommages-intérêts ou la résiliation du contrat et cette résiliation devrait être prononcée alors même qu'avant qu'il ait été statué sur cette demande, le propriétaire, ayant écarté les prétentions du tiers se serait mis à même de faire jouir le colon. C'est en vain qu'il prétendrait que jusqu'à la prononciation de la résiliation il est temps encore d'exécuter son engagement. Cass. 7 nov. 1827.

quels il peut y avoir lieu dans certaines circonstances à augmentation ou diminution du prix.

Nous n'appliquerons pas l'art. 1765 au métayage parce que ce contrat ne comporte pas de prix mais par la force des choses on arrive à un résultat analogue. En effet le métayer, devant la moitié de la récolte, sa redevance augmentera ou diminuera suivant la contenance.

Si le métayer d'ailleurs a intérêt à la résolution du contrat parce que la métairie se trouve réduite à des proportions telles qu'elle n'est plus capable de suffire à la nourriture de sa famille, le colon pourra dans ce cas comme nous l'avons vu lorsque nous avons étudié *l'erreur* demander la résiliation du contrat pour cause d'erreur sur une *qualité substantielle* de la chose.

Non seulement le propriétaire doit fournir au métayer le domaine mais dans beaucoup de pays et dans la Haute-Vienne, en particulier, il doit lui remettre en même temps les bestiaux et les instruments nécessaires à la culture, c'est ce qu'on appelle le cheptel mortet vif (1).

Il n'en est pas toujours ainsi. Dans la Vendée, par exemple, le propriétaire ne fournit que la moitié du cheptel vivant, le métayer fournit l'autre moitié et la totalité du cheptel mort. Il en est de même dans la Mayenne et dans un certain nombre d'autres departements (2).

---

(1) Les objets loués doivent être délivrés en bon état. Le manquement à cette obligation exposerait le propriétaire à des dommages-intérêts envers le colon en raison du préjudice éprouvé par celui-ci. Cass. 13 déc. 1880. S. 81. I. 170.

(2) V. rapport de M. de Tourdonnet, p. 382 et suiv.

L'obligation de délivrance porte non seulement sur
le domaine agricole mais encore sur une maison d'habitation que le propriétaire doit fournir au colon, puisque
l'une des obligations de ce dernier est d'habiter sur la
métairie. Ces constructions doivent être en bon état de
réparations, même locatives. Celà résulte de l'obligation
de faire jouir qui incombe au propriétaire et d'une façon
plus précise de l'art. 4 de la loi de 1889 qui renvoie aux
art. 1730 et 1731 où il est dit que s'il a été fait un état
des lieux entre le bailleur et le preneur, celui-ci devra
rendre la chose telle qu'il l'a reçue suivant cet état et
que s'il n'a pas été fait d'état de lieux le preneur est présumé l'avoir reçue en bon état de réparations locatives.

### 2° RÉPARATIONS A LA CHARGE DU PROPRIÉTAIRE PENDANT LE COURS DU BAIL

Quant aux réparations pendant le cours du bail le
bailleur doit faire toutes celles qui peuvent devenir nécessaires (1), toutefois les réparations locatives ou de menu
entretien qui ne sont occasionnées ni par vétusté ni par
force majeure demeurent à moins de stipulation ou
d'usage contraire à la charge du colon (art. 3).
En dehors des détériorations de la chose qui mettent
à la charge du propriétaire les grosses réparations et

_______

(1) Lorsque pendant le cours du bail, alors que les réparations
à la charge du propriétaire sont devenues nécessaires, celui-ci refuse
d'y procéder, le preneur peut se faire autoriser par justice, à les
faire exécuter aux frais du propriétaire. Douai, 23 mars 1842.
§ 42. 2. 482. .

les réparations locatives occasionnées par vétusté ou force majeure, nous pouvons supposer une destruction totale ou partielle. Dans le cas de perte totale par cas fortuit, le bail est résilié de plein droit, dans le cas de perte partielle, le bailleur peut se refuser à faire les réparations ou les dépenses nécessaires pour rétablir les choses en état. Le preneur et le bailleur peuvent dans ce cas, suivant les circonstances demander la résiliation.

Nous reviendrons d'ailleurs, sur ce point en étudiant la dissolution du métayage.

### 3° LE BAILLEUR EST OBLIGÉ D'ASSURER AU PRENEUR UNE JOUISSANCE PAISIBLE

De l'obligation de faire jouir le preneur découle nécessairement, pour le propriétaire l'obligation de ne pas troubler lui-même la jouissance de son métayer et de le garantir contre le trouble des tiers.

*A. — Le propriétaire doit s'abstenir de tout fait qui pourrait être nuisible au métayer et entraver sa jouissance.*

En vertu de ce principe, le propriétaire ne pourra pas envoyer pacager le bétail qu'il s'est réservé sur les terres de la métairie, faire avec les bestiaux de cette métairie des charrois, en dehors des cas stipulés, cueillir les fruits des arbres qui se trouvent dans les champs sans en avoir prévenu le métayer afin qu'il les partage. Il ne pourrait pas non plus faire des transformations importantes dans le domaine sans l'assentiment du mé-

tayer (1). C'est une conséquence, selon nous, de l'obligation générale de faire jouir dont, l'art. 1723 n'est qu'un
cas d'application. Toutefois la nature particulière du
contrat de métayage fait que l'obligation en question est
moins impérieuse dans notre régime que dans le bail à
ferme.

*B. — Le propriétaire doit garantir le colon contre les
troubles venant des tiers*

Il y a deux sortes de troubles : le trouble de fait et le
trouble de droit. Le trouble de fait se produit lorsque le tiers n'invoque aucun droit. Ce trouble se borne
donc à des simple voies de fait. Dans ce cas, d'après
l'art. 1725, évidemment applicable à notre matière, le
bailleur n'est pas tenu de garantir le preneur contre un
pareil trouble, à lui de faire respecter la concession qu'on
lui a livrée.

Quand au lieu de commettre des voies de fait, le tiers
invoque un droit sur le domaine, nous nous trouvons en
présence du trouble de droit. Ce trouble fait intervenir la
responsabilité du propriétaire car si les prétentions du

---

(1) Voici ce que disait Pothier à ce sujet: C'est pareillement un
trouble que le locateur d'une métairie apporterait à la jouissance
de son fermier s'il voulait changer la forme d'une partie considérable des terres de la dite métairie comme s'il voulait convertir
une terre labourable en prairie ou la planter en bois; le fermier
est en droit de s'opposer à ce changement quelque dédommagement que lui offre le locateur car le locateur, a contraté avec son
fermier de la laisser jouir des terres en la nature qu'elles étaient
lors du bail; il ne peut donc sans contrevenir à cette obligation en
changer la nature. (Pothier, Louage. 75.)

tiers sont fondées, il a manqué à son engagement, aussi faut-il dans ce cas appliquer l'art. 1727 quoique la loi de 1889 n'y renvoie pas. Cela résulte des principes généraux. Le preneur a le droit s'il est appelé en justice, soit de se retirer de l'instance en faisant connaître le bailleur, ou bien il peut rester en cause en l'appelant en garantie.

Si le bailleur n'obtenait pas gain de cause, suivant M. Rérolle qui s'appuie sur (*l'art 1726 argument d'analogie*) le colon pourrait demander des *dommages intérêts* ou la *dissolution* du contrat, suivant l'importance de l'éviction. C'est une solution que nous adoptons.

4° NON SEULEMENT LE PROPRIÉTAIRE EST OBLIGÉ DE GARANTIR AU PRENEUR UNE JOUISSANCE PAISIBLE DE LA CHOSE, MAIS IL DOIT ENCORE LUI PROCURER LA JOUISSANCE D'UNE CHOSE EXEMPTE DE VICES CACHÉS.

Nous croyons que dans ce cas il faut appliquer l'art. *1721* qui déclare « qu'il est due garantie au preneur « pour tous les vices ou défauts de la chose louée qui en « empêchent l'usage, quand même le bailleur de les aurait pas connus lors du bail. S'il résulte de ces vices « ou défauts quelque perte pour le preneur, le bailleur « est tenu de l'indemniser. »

La loi de 1889 ne renvoie pas formellement à l'art. 1721 mais nous croyons que l'obligation de garantie à laquelle est astreint le bailleur d'après l'art. 4 de la nouvelle loi renferme aussi bien la garantie de l'art. 1721 que la garantie des art. 1726-1727 qui prévoient le trouble survenant par le fait du propriétaire ou celui du tiers. C'est ainsi que si le métayer entrant découvre que des bestiaux sont atteints de vices redhibitoires il pourrait demander au bailleur une indemnité.

Quant aux vices concernant le domaine lui-même, il faudrait supposer que les prairies contiennent des herbes vénéneuses, ou qu'il y a dans les bâtiments des vices de construction en compromettant la solidité. Hypothèses, on le voit, assez peu pratiques.

### 5° Impots

La loi du 3 frimaire an VII, art. 147, s'exprime ainsi : « Tous fermiers sont tenus de payer en l'acquit des propriétaires la contribution foncière pour les biens qu'ils auront pris à ferme, et les propriétaires seront tenus de recevoir le montant des quittances de cette contribution pour comptant sur le prix des fermages ».

Et l'art. 12 de la même loi est conçu dans ces termes : « La contribution des portes et fenêtres sera exigible contre les propriétaires et usufruitiers, fermiers et locataires principaux des maisons, bâtiments et usines sauf leur recours contre les locataires particuliers pour le remboursement de la somme due à raison des locaux occupés par eux » (1).

(1) La loi du 18 juillet 1892 a supprimé la contribution des portes et fenêtres et prescrit en outre que la taxe de remplacement calculée sur le revenu net de la propriété bâtie sera assise par voie de quotité comme la contribution foncière elle-même.

Voir pour plus amples développements l'exposé des motifs du projet de loi fixant le budget de 1894. 1er vol., p. 18.

Avant la loi de 1889 ceux qui regardaient le métayer comme un véritable fermier appliquaient ces deux textes au métayage, quant à ceux qui voyaient dans le métayer un associé, ils décidaient que l'impôt foncier étant une charge de la jouissance il fallait qu'il fut supporté par la société qui profite de cette jouissance, c'est-à-dire par les deux parties (1).

Quel système faut-il appliquer d'après la nouvelle loi qui ne reconnaît au métayage ni le caractère du louage ni celui de la société ?

En face du silence de la loi de 1889, il faut évidemment s'en rapporter aux usages locaux par application de l'art 13 in fine qui décide : Ces baux sont en outre régis pour le surplus par l'usage des lieux.

On peut en effet supposer que si le législateur de 1889 ne s'est pas prononcé sur la question de l'impôt c'est parce qu'il a voulu qu'elle fut régie par l'usage local.

Dans beaucoup de régions, l'impôt foncier est payé exclusivement par le propriétaire, tel est le cas de la Haute-Vienne (2), dans la plupart des départements, l'Aude, la Charente, la Corrèze, la Creuse, la Dordogne, etc., le colon paye moitié de l'impôt foncier, enfin dans

(1) Méplain n° 208. D'après Gauwain. Législation rurale 1890. le métayer doit comme le fermier l'impôt personnel mobilier et l'impôt des portes et fenêtres, p. 481.

(2) Dans un grand nombre de cantons de la Haute-Vienne, l'impôt foncier et celui des portes et fenêtres sont payés par le propriétaire. Les cotes personnelle et mobilière, l'impôt du chien demeurent à la charge du colon quant aux prestations, le colon est tenu de les acquitter en nature toutes les fois que faire se pourra. Elle sont payées par moitié s'il ne peut les acquitter en nature.

quelques départements le colon paye la totalité de cet impôt (2). Tel est le cas de la Mayenne par exemple.

### 6° CONTRIBUTIONS AUX FRAIS D'EXPLOITATION

En principe les frais d'exploitation devraient incomber exclusivement au preneur, car c'est lui qui s'est chargé de l'exploitation du domaine.

Cependant quelquefois le bailleur contribue dans une certaine mesure aux frais d'exploitation peut-être à raison de son droit de direction qui le fait participer à cette exploitation.

Les frais d'exploitation sont de deux sortes; 1° les frais de main d'œuvre; 2° les frais de culture.

### A. — *Frais de main d'œuvre*

Le métayer doit fournir la main d'œuvre, par conséquent, il ne peut demander au propriétaire de contribuer au paiement des ouvriers qu'il a employés.

Il en résulte que les ouvriers employés par le colon n'ont aucun recours à exercer contre le propriétaire. Ils ne peuvent. lui réclamer le paiement de leur salaire quand le métayer ne les paie pas.

Le principe est donc que le propriétaire ne fournit pas d'ouvriers, mais dans certaines régions les maîtres donnent une indemnité aux métayers, à raison des travaux agricoles qui réclament un surcroit de peine tels que la récolte ou le battage des grains, lorsque soit par

(2) De Tourdonnet, p. 395.

routine soit pour ne pas abîmer la paille on ne bat pas à la machine (1).

C'est ainsi que dans certains cantons de la Haute-Vienne le maître paie habituellement au colon **2 fr.** par cent gerbes pour le battage, chaque gerbe devant peser environ 12 kilogs. Telle est la règle pour le froment et pour le seigle. Quant au sarrazin le colon a le droit de prélever deux doubles décalitres par quarante doubles sur la portion du maître. Mais de plus en plus on bat à la machine ce qui empêche le métayer de vivre sur le grain pendant le battage qui dure fort longtemps et ce qui lui permet de se livrer à d'autres travaux plus importants.

De même, toujours dans la même région, le maître lorsqu'arrive l'époque de la récolte donne au colon une certaine somme qui peut-être employée par le colon à se fournir d'ouvriers ou à acheter du vin, adjuvant d'autre nature (2).

*B. — Fournitures nécessaires à l'exploitation du domaine : achats de semences, de pailles, de fourrages, d'engrais.*

A qui incombent la charge de ces fournitures ? La loi

(1) Quand par exemple on veut conserver la paille pour faire des couvertures en chaume ou la donner aux bestiaux comme nourriture.

(2) Je lis dans plusieurs baux :

Le maître paiera au colon 2 fr. par cent gerbes pour le battage ; chaque gerbe devra peser environ 25 livres.

Le maître donnera chaque année 6 fr. au colon pour sa récolte des grains.

de 1889 n'en disant rien il faudra sur cette question s'en rapporter aux usages locaux conformément à la disposition de la nouvelle loi (art 13).

Mais dans le silence des usages locaux que faut-il décider ? Deux systèmes sont en présence. Un premier système soutient avec M. Guillouard que, le métayer étant seul chargé de la culture de la métairie doit supporter seul les dépenses que cette culture entraîne (1) et parmi ces dépenses il faut compter la fourniture des semences et les achats de pailles, de fourrages et d'engrais nécessités par les exigences de la culture.

Une autre opinion suivie par M. Méplain adopte les distinctions suivantes :

1° En ce qui concerne les achats d'engrais, cet auteur est d'avis que le maître doit seul les supporter parce que dans la conclusion du contrat le colon ne s'engage à fournir qu'une seule chose : *le travail* et M. Méplain en conclut, que relativement aux engrais le métayer sera seulement obligé aux frais de conduite et d'expansion sur les terres.

2° Quant aux pailles et fourrages, M. Méplain (2) distingue suivant que leur achat est absolument indispensable pour la nourriture des bestiaux nécessaires à la culture du domaine et à son entretien en fumiers ou suivant que cet achat n'a d'autre raison d'être qu'une augmentation que le propriétaire voudrait donner au cheptel, sans qu'il y ait d'ailleurs nécessité. Dans le premier cas,

(1) Guillouard lonage II n° 620.
(2) Méplain, n°s 192-193 et 194.

les frais d'achat nécessaires seront supportés en commun en vertu de la disposition de (l'art. 1859 3°) qui déclare que chaque associé a le droit d'obliger ses associés à faire avec lui les dépenses qui sont *nécessaires* pour la conservation des choses de la société.

« Au contraire dans le second cas, dit Méplain, le « maître pourrait comme pour le cas d'acquisition d'en- « grais faire l'achat pour son compte mais à défaut « d'accord le maître ni le colon ne peuvent exiger l'achat « en commun (1). Ils peuvent au contraire réciproque- « ment faire vendre une partie des bestiaux qui se trou- « veraient en sus du fond de cheptel et de ceux qui « sont nécessaires aux travaux de culture. Cependant « si cette vente ne pouvait avoir lieu, ou si les fourra- « ges se trouvaient insuffisants pour l'entretien des bes- « tiaux réduits au nécessaire, on retomberait alors dans « le cas d'une dépense indispensable et l'achat devrait « être fait aux frais de la communauté ».

En résumé, l'achat des fourrages indispensables, d'après Guillouard, incombe au métayer, au contraire d'après Méplain il doit être à frais commun.

C'est à cette dernière opinion que nous croyons devoir nous ranger parce qu'elle est basée sur l'art. 1859 qui. dans l'hypothèse, nous parait parfaitement applicable.

---

(1) Méplain suppose bien entendu dans ces diverses hypothèses que le déficit en pailles ou fourrages ne peut être reproché à aucune des deux parties, autrement ce serait à l'auteur de la faute à réparer ce préjudice arrivé par son fait.

### 7° OBLIGATION DE PAYER LES PRIMES DE L'ASSURANCE DES BATIMENTS

C'est au propriétaire sans aucun doute à payer les primes de l'assurance des bâtiments parceque les bâtiments lui appartiennent exclusivement et parceque c'est lui qui recevra l'indemnité.

### § 2. — Obligations du colon partiaire

L'art 1ᵉʳ de la loi de 1889 en définissant le *métayage* « le contrat par lequel le possesseur d'un héritage ru-« ral le remet, pour un certain temps à un preneur *qui* « *s'engage à le cultiver sous la condition d'en partager* « *les produits avec le bailleur* » nous expose les deux principales obligations du métayer qui consistent : 1° *à cultiver le domaine* : 2° *à en partager les produits* avec le bailleur.

Mais ces deux obligations principales en entraînant avec elles un grand nombre d'autres qui sont mentionnées d'une façon plus ou moins expresse dans les art. 3, 4 et 13 de la nouvelle loi.

Nous allons autant que possible étudier ces diverses obligations dans l'ordre où elles s'exécutent.

### 1° OBLIGATION DE VENIR HABITER LA MÉTAIRIE ET DE SE SERVIR DES BATIMENTS D'EXPLOITATION DU DOMAINE

Ces deux obligations sont mentionnées dans l'art. 4 in fine de la loi de 1889.

Le métayer dit cet article « doit se servir des bâti-
« ments d'exploitation qui existent dans les héritages
« qui lui sont confiés et résider dans ceux qui sont
« affectés à l'habitation ».

Il est important que le métayer habite la métairie.
Cela lui évitera les pertes de temps d'un long parcours.
De plus cela lui permettra de garder le domaine, de la
garantir contre des déprédations de toutes sortes.

L'obligation de se servir des bâtiments d'exploitation
en vertu de laquelle le métayer devra serrer les foins
et les pailles dans les granges, le grain dans les greniers, et mettre les bestiaux dans les étables de le
métairie se trouvait déjà énoncée dans l'art. 1767 d'après
lequel : « Tout preneur d'un bien rural est tenu d'en-
« granger dans les lieux à ce destinés d'après le bail ».

Mais avant la loi de 1889 ceux-là seuls qui voyaient
dans le colonage un louage pouvaient étendre cette disposition au colonage.

Aujourd'hui la loi de 1889 la déclare formellement
applicable au métayage. Cette obligation a un grand intérêt pour la conservation du privilège que la loi nouvelle accorde au bailleur à métairie comme au bailleur à
ferme. Mais elle a dans le métayage, une autre utilité :
celle de permettre au bailleur d'exercer facilement la
surveillance que la loi lui octroie et grâce à laquelle il
pourra garantir contre les detournements du colon. la
part qui doit lui revenir dans les produits du domaine.

### 2° Obligation de garnir la métairie des bestiaux et ustensiles nécessaires a son exploitation.

D'après l'art. 1766 le fermier doit garnir la métairie des bestiaux et des ustensiles nécessaires à cette exploitation.

Cette obligation est imposée au métayer par l'art. 13 de la loi de 1889 qui renvoie à l'art. 1766 du Code civil.

Faisons observer cependant que s'il est naturel que le métayer fournisse les instruments aratoires, accessoires de son travail (1), il l'est beaucoup moins qu'il fournisse les bestiaux. Aussi le plus ordinairement c'est le propriétaire qui dans la pratique du métayage fournit exclusivement les bestiaux et si, dans certaines contrées comme la Haute-Loire le colon fournit les bestiaux cela constitue suivant l'expression de Méplain une modification au pur contrat de métayage et c'est un degré de transition avec le franc fermage (2).

### 3° Le métayer est tenu de cultiver lui-même le fonds

C'est-à-dire qu'il lui est interdit de sous louer ou céder son bail.

Cette prohibition n'a pas été établie par la loi de 1889. Elle était déjà mentionnée dans les art. 1763 et 1764 que

(1) Cependant dans la Haute-Vienne c'est le propriétaire qui fournit les instruments aratoires.

(2) Méplain n° 155.

la loi nouvelle n'a pas abrogés. Ils sont ainsi conçus :
« Art. 1763 : Celui  qui cultive sous la condition  d'un
« partage de fruits avec le bailleur ne peut ni sous louer
« ni céder si la faculté ne lui en a été expressément ac-
« cordée par le bail. » Et art. 1764 : « En cas de contra-
« vention le propriétaire a le droit de rentrer en jouis-
« sance et le preneur est condamné aux dommages-inté-
« rêts résultant de l'inexécution du bail. »

Cette prohibition  est une  conséquence de  la nature
personnelle de notre contrat à l'égard  du métayer.

Mais Guillouard a fait remarquer avec raison que cette
prohibition de sous-louer ou de céder son bail  n'empê-
chait pas le métayer de s'associer des  auxiliaires  dans
son travail, membres de sa famille ou étrangers.

Mais ces associés, connus dans certains pays sous le
nom de *personniers,* ou *d'estivandiers* (1) n'ont la qualité d'associés que dans leurs rapports avec le métayer
qui reste seul responsable de l'exécution du contrat vis-
à-vis du propriétaire qui l'a choisi, en égard à ses qualités personnelles. En cas de contravention à la disposition de l'art. 1763, le propriétaire a le droit de rentrer
en jouissance et le preneur est condamné à des dommages-intérêts. C'est ce que dit l'art. 1764.

Mais il a donné lieu à une controverse qui consiste
à se demander si les Tribunaux sont obligés d'accorder
au propriétaire sa demande dès que le métayer a con-

______

(1) Dans la Haute-Garonne les estivandiers cultivent moyennant
un sixième de la part du colon.

trevenu à l'art. 1763 ou si, au contraire, ils ont un pouvoir d'appréciation.

MM. Aubry et Rau professent en matière de métayage la première opinion en s'appuyant sur les termes formels de l'art. 1764 qui, d'après eux, ne laisseraient pas place au pouvoir d'appréciation des Tribunaux.

An contraire M. Guillouard fait remarquer que la disposition de l'art. 1764 n'est que l'application d'un principe plus général, écrit pour toute espèce d'infraction à la loi du bail dans l'art. 1741 et pour toute inexécution des obligations de l'une des parties en matière de contrats synallagmatiques dans l'art, 1184, d'après lequel le contrat n'est pas résolu de plein droit. Suivant cet auteur si la sous-location a été peu importante, si le métayer l'a fait cesser à la première plainte du bailleur, et, s'il déclare expressément qu'il n'en consentira plus et jouira par lui-même de l'héritage loué, le bailleur n'éprouve aucun préjudice et les tribunaux ne doivent pas prononcer la résiliation (1).

Quant à nous, nous croyons devoir nous rallier à l'opinion de MM. Aubry et Rau parceque il nous semble que l'art. 1184 compris dans le titre consacré aux contrats et aux obligations conventionnelles en général doit céder le pas en notre matière à l'art. 1764 qui est consacré spécialement au métayage. Or l'art. 1764 est conçu en termes formels et constitue une dérogation expresse à l'art. 1184.

_______

(1) Guillouard. Louage, T. II, p. 162, 163. En ce sens Troplong (T. II n° 644). Duvergier (T. II, n° 90.

#### 4° LE MÉTAYER NE DOIT PAS ABANDONNER LA CULTURE DU DOMAINE POUR ALLER CULTIVER AU DEHORS.

Il arrive très souvent que les métayers ont une tendance assez marquée à augmenter leurs profits en allant travailler chez le voisin.

C'est un manque à leurs obligations car les métayers s'engagent à fournir tout leur travail au domaine et s'interdisent ainsi d'aller travailler en dehors.

Quelquefois même le métayer s'en va travailler avec les bestiaux du domaine. Cela est une circonstance aggravante, ce serait pour le colon, dit M. Clément dans son rapport au Sénat, une infraction très grave à cette régle de jouir en bon père de famille, que d'employer les bestiaux en dehors de la culture « et spécialement à des char- « rois pour autrui. Elle l'exposerait à de justes domma- « ges-intérêts, et l'abus persistant, pourrait même, dans « certains cas, justifier une demande en résiliation. »

Remarquons de plus avec M. Rérolle (1) qu'en allant travailler chez autrui avec les bestiaux de la métairie le colon s'expose à un grand danger : si en pareille circonstance un accident arrive à ses bestiaux, cette perte est exclusivement à sa charge en vertu de l'art. 1382 C. C.

Dans le cas où le colon va travailler chez autrui seul ou avec des bestiaux, quelle est la sanction ? Il faut appliquer l'art. 1766 qui déclare que si le preneur abandonne la culture le bailleur peut suivant les circons-

(1) Rérolle loc. cit. p. 368

tances demander la résiliation du bail et, qu'en cas de résiliation provenant du fait du preneur, celui-ci est tenu des dommages-intérêts ainsi qu'il est dit en l'art. 1764.

Remarquons en terminant sur cette obligation que dans les pays pauvres, les métayers n'ayant pas d'argent et étant par conséquent dans l'impossibilité de louer des ouvriers, on a l'habitude de leur permettre aux moments de presse d'échanger leurs services avec les voisins qu'ils aident par exemple à couper le foin ou à faire la récolte afin que ceux-ci leur rendent la pareille quand ils en auront besoin.

En droit strict, le métayer ne devrait pas avoir recours à ce moyen pour obtenir des ouvriers, car il s'est obligé à cultiver le domaine à ses frais en s'interdisant en même temps tout travail chez autrui. Mais dans les pays où les métayers sont sans ressources il serait bien dur de leur enlever ce moyen vraiment patriarcal de suppléer aux capitaux qui leur manquent.

### 5° Obligation de jouir en bon père de famille

Cette obligation équitable, s'il en fût, est imposée au métayer par l'article 4 de la loi de 1889 d'après lequel le colon partiaire doit jouir de la métairie en bon père de famille en suivant la destination qui lui a été donnée par le bail.

L'obligation de jouir en bon père de famille impose au colon l'obligation de ne pas détériorer le fonds, de ne pas en abandonner la culture mais d'en activer par son travail la fécondité, enfin l'obligation mentionnée dans l'art. 4 de conserver au fonds et aux parties qui le composent la destination qui lui a été donnée.

(a) L'obligation de préserver le fonds des détériorations rend le métayer responsable de toutes les détériorations survenues par sa faute. Or il est en faute toutes les fois qu'il a agi volontairement et dans l'intention de nuire ; il est en faute également toutes les fois que mis en demeure de faire un travail dont il est chargé, il a refusé ou omis d'obéir ; enfin il est encore en faute lorsqu'il n'a pas donné aux choses confiées à sa garde toute la surveillance nécessaire. Dans tous ces cas, il est responsable des détériorations dont la cause directe ou indirecte remonte jusqu'à lui.

D'ailleurs pour apprécier sa responsabilité, en dehors du cas de faute lourde, qui constitue un véritable dol et qu'on est toujours en droit de lui reprocher, il faut avoir égard à son caractère et à ses habitudes. En d'autres termes, il faut le comparer à lui-même et voir si dans le cas particulier qui s'agite il s'est montré moins diligent, plus imprudent qu'à l'ordinaire. Car le métayage étant contracté intuitu personœ à l'égard du métayer la faute de ce dernier doit s'apprécier *in Concreto* et non pas *in abstracto*.

Si le métayer établit que la détérioration est survenue sans sa faute, qu'elle a eu pour cause un cas fortuit, indépendant de sa volonté, c'est le propriétaire qui supportera la perte de la chose d'après la règle ; *Res perit domino* (1).

(1) Nous examinons au chapitre des risques la responsabilité du métayer avec plus de détails.

(b). L'obligation de jouir en bon père de famille astreint le métayer non-seulement à ne pas commettre de faits nuisibles mais encore à ne pas abandonner la culture du domaine et à s'efforcer par son travail d'en activer la fécondité.

Cette obligation qui existe aussi pour le fermier est encore plus impérieuse pour le métayer car tandis qu'il suffit au fermier d'entretenir les champs de façon à les empêcher de devenir incultes il faut que le métayer les cultive de son mieux et en tire le plus de profits possibles. On comprend facilement la raison de cette différence : dans le fermage le propriétaire recevant une redevance déterminée, indépendante du produit du domaine, n'a rien à dire au fermier quand il ne laisse pas les terres se détériorer, au contraire, dans le métayage, l'obligation de jouir en bon père de famille entraîne pour le métayer celle de faire rapporter le plus possible.

Si le métayer néglige de faire les rigoles nécessaires à l'irrigation des prés, de sarcler les champs ensemencés pour empêcher les mauvaises herbes d'étouffer les récoltes, de labourer les terres dans les saisons convenables et accoutumées, dans tous ces cas, suivant Méplain, le métayer est en faute et le propriétaire a le droit de lui demander des dommages-intérêts (1142); suivant certains auteurs il aurait même le droit par application de l'art. 1144 de se faire autoriser en cas d'inexécution du bail à exécuter lui-même aux dépens du débiteur.

Toutefois pour obtenir le bénéfice de ces articles, il

faut que le propriétaire ait mis le colon en demeure et se soit fait autorisé en justice, soit par un jugement définitif, soit par une ordonnance de référé, si la nature des travaux exige célérité comme s'il s'agit de faucher les foins, moissonner les récoltes, faire les semailles ou cueillir la vendange.

(c) Enfin l'obligation de jouir en bon père de famille impose au métayer le devoir de conserver au fonds la destination qui lui a été donnée par le bail.

Le métayer est donc tenu d'employer la chose louée à l'usage auquel elle est destinée (1). C'est ainsi qu'il ne pourra convertir une terre en pré ou en vigne ou en bois sans l'assentiment du propriétaire, et M. de Gasparin fait remarquer « qu'il ne pourrait pas non plus étendre les cultures jardinières dont il a la jouissance exclusive au détriment de celles dont les produits se partagent » (2).

Remarquons que le métayer qui n'emploierait pas la chose louée à l'usage auquel elle a été destinée tomberait sous le coup de l'art. 1766 que la loi de 1889 déclare applicable au métayage. Ce serait donc un cas de résiliation du contrat, et en cas de résiliation provenant du fait du preneur, celui-ci est tenu à des dommages intérêts ainsi qu'il est dit en l'art 1764.

-----

(1) Le tribunal de Roanne a jugé le 13 septembre 1883 que le métayer commettait une faute en préparant pour le concours des animaux qu'on lui a confiés pour la vente.

(2). De Gasparin. Métayage p. 47.

#### 6° Obligation d'avertir le propriétaire.

Un bon père de famille doit surveiller son domaine, se tenir au courant des usurpations commises sur le fonds afin de l'en garantir. Il en résulte pour le métayer l'obligation de préserver le domaine de ces usurpations en en prévenant le propriétaire. L'art. 4 de la loi de 1889 renvoie à l'art. 1768 où est mentionnée cette obligation.

Tout manquement à cette obligation exposerait le métayer à des dommages-intérêts.

L'avertissement auquel est soumis le métayer « doit « être donné d'après l'art. 1768 dans le même delai « que celui qui est réglé en cas d'assignation suivant « la distance des lieux (1).

Aux termes des art. 72 et 75 (Code de procédure Civile) le délai de l'assignation est de huitaine pour ceux qui sont domiciliés en France.

M. Guillouard détermine la portée de l'art. 1768 qui ne parle que des *usurpations* en faisant remarquer qu'il prévoit aussi tous les *troubles* et *entreprises* dont le colon serait l'objet (2).

En résumé, le colon devra prévenir le propriétaire de tous les faits illicites qui compromettent les droits de ce dernier.


(1) Art. 1768 § 2.
(2) Guillouard t. ii n° 532.

### 7° Obligation de rendre la métairie en bon état de réparations locatives

Le preneur qui est obligé de jouir en bon père de famille est par cela même obligé de rendre la chose à la fin du bail en bon état de réparations locatives c'est-à-dire qu'il doit réparer les dégradations dues à l'exercice de son droit de jouissance.

En principe, toutes les réparations locatives qui se trouvent à faire à la fin du bail sont présumées occasionnées par la jouissance du preneur et lui incombent.

Cependant il en serait différemment dans le cas où il aurait été fait au commencement du bail un état des lieux établissant que la chose avait été livrée au preneur avec un certain nombre de dégradations dont la réparation ne lui incombe certainement pas puisqu'elles n'ont pas été occasionnées par sa jouissance. Dans ce cas le preneur se libère en rendant la chose telle qu'il l'a reçue suivant l'état des lieux.

D'ailleurs dans tous les cas, qu'il ait été fait un état des lieux ou non, le bailleur est responsable des réparations occasionnées par la vétusté ou la force majeure. Ces règles sont établies par les art. 1730 et 1731 que la loi de 1889, art. 4 déclare applicables au métayage.

M. Méplain a proposé une distinction d'après laquelle les réparations locatives du bâtiment servant à l'habitation du métayer seraient seules à sa charge; au contraire, il ne serait pas tenu des réparations à faire aux bâtiments d'exploitation, écuries, étables. M. Méplain va même plus loin en donnant au métayer le droit d'exiger que le propriétaire fasse ces réparations pendant le cours du bail (1).

La loi de 1889 ne fait pas cette distinction. Elle renvoie aux art. 1730 et 1731 où il est parlé des réparations locatives telles quelles sont déterminées par l'art. 1754. Or, d'après cet article, les réparations locatives sont celles désignées comme telles par l'usage des lieux. Art. 3 (2).

### 8° Obligation de livrer au propriétaire la part de récolte qui lui revient

Cette obligation se trouve insérée dans l'art. 2 ainsi conçue.

« Les fruits et produits se partagent par moitié s'il « n'y a stipulation ou usage contraires. »

C'est donc, en premier lieu, les conventions des parties qui détermineront quel est le montant de l'obligation du métayer. Elles peuvent l'obliger à donner au propriétaire la moitié, le tiers ou le quart de la récolte, ou une autre fraction quelconque. En un mot, elles sont libres dans la proportion à donner au partage. A défaut de conventions expresses on doit s'en rapporter à l'usage local et c'est seulement dans le silence de cet usage qu'intervient la disposition de la loi de 1889 qui

(1) Voir Méplain n° 139.
(2) Dans la Haute-Vienne l'usage met les réparations locatives à la charge du propriétaire.

assigne au métayer comme au maître *la moitié* de la récolte.

Pour préciser sur quoi le partage doit s'opérer l'art. 2 se sert de l'expression : *les fruits et produits se partagent par moitié*, indiquant ainsi que le partage doit porter sur tout ce que rapporte le domaine (1) sauf, nous le répétons, les dérogations apportées par les conventions ou les usages.

Le projet primitif du gouvernement contenait une exception au partage par moitié, exception tout en faveur des métayers. Elle était contenue dans un article qui donnait au preneur la jouissance exclusive du jardin annexé à son habitation et la faculté de profiter pour son usage personnel des émondages des haies existant sur la propriété et de l'émondage des arbres suivant l'usage des lieux.

Cette disposition a été critiquée par la commission du Sénat. On a fait observer quant aux jardins attenant à l'habitation du métayer que le colon a en effet droit aux légumes nécessaires à sa nourriture mais qu'il ne les cultive pas toujours dans le jardin attenant à son habitation, d'où la conséquence qu'il n'était pas nécessaire de lui accorder un droit exclusif sur ce jardin (2).

Quant à nous, nous sommes d'avis que la disposition qui se trouvait dans le premier projet aurait due

(1) Par exemple s'il y a des arbres à fruits dans les champs et dans les prés les produits de ces arbres doivent être partagés.
(2) Sirey 1889, p. 560.

être maintenue. Sans doute les métayers possèdent quelquefois un potager loin de leur habitation, dans un champ quelconque, mais c'est là un état de choses qui n'offre pas aux soins du ménage la commodité d'un jardin attenant à l'habitation. D'ailleurs rien dans la rédaction définitive n'oblige le propriétaire à donner au métayer un jardin, même éloigné de l'habitation. On a donc eu tort de supprimer la disposition dont nous avons parlé qui aurait obligé le propriétaire à laisser au métayer un jardin ou dans le cas d'impossibilité à lui constituer un avantage équivalent. La loi aurait ainsi amélioré la situation matérielle des métayers.

Quant à l'émondage des arbres et des haies, la commission du Sénat a fait observer, qu'en Normandie, dans l'Anjou et dans le Maine cet émondage constituait un produit d'une certaine importance qu'il aurait été injuste d'attribuer exclusivement au métayer.

Ce sont encore là des raisons qui procèdent d'une bien grande parcimonie. La loi n'aurait-elle pas due se montrer plus libérale envers les métayers généralement obligés de subvenir à l'entretien d'une nombreuse famille. Leur assurer un potager et leur accorder l'émondage des haies c'eût été à peu de frais leur garantir la nourriture en légumes et le chauffage, ce qui leur aurait permis de faire quelques économies.

D'ailleurs, dans beaucoup de régions l'usage accorde aux métayers les avantages dont nous avons parlé (1).

(1) Dans la Haute-Vienne en particulier, l'usage est d'accorder au métayer un jardin potager en général attenant à son habitation. On lui abandonne également les produits de la basse-cour moyen-

Prestation colonique. — En dehors de l'obligation qui consiste à partager les produits du domaine, le métayer peut se trouver débiteur d'une prestation qui se trouve consacrée par la presque généralité des usages locaux, nous avons nommé la prestation colonique.

Voici comment M. E. Méplain définit cette prestation : « Sous le titre d'impôt, loyer, prestation, charge de cul- « ture, droits de moisson, ou toute autre dénomination, « le colon partiaire convient le plus souvent de payer, « par chaque année de jouissance ou par chaque récolte « une certaine somme d'argent. La nature de cette pres- « tation est la même dans les deux cas qui ne diffèrent « que par l'époque d'exigibilité » (1).

La prestation colonique a rencontré de nombreux adversaires parmi les jurisconsultes et les économistes.

Elle est contraire, disent les premiers, à l'esprit du contrat de métayage dont le but est de faire participer également les deux parties aux chances plus ou moins bonnes de la récolte.

Ils ajoutent que c'est en quelque sorte, un bail à ferme accessoire qui vient se greffer sur un bail à colonage si bien qu'on pourrait se demander s'il faudra appliquer à cette prestation les règles du métayage ou celles du fermage (2).

nant quelques paires de poulets qu'il doit payer à époque déterminée·
On laisse encore au colon les châtaignes, le maître se contentant sans les partager d'en prélever un certain nombre d'hectolitres.

(1) Méplain. Traité du bail à portion de fruits n° 187.
(2) L'administration de l'enregistrement a voulu notamment

Enfin, dit-on, une pareille prestation qui constitue une sorte de prime en faveur du capital vient détruire cette égalité entre le maître et le colon, entre le capital et le travail qu'il est toujours si désirable d'atteindre.

Quant aux économistes, ils reprochent surtout à la prestation colonique de mettre obstacle aux améliorations en les rendant sans profit pour le métayer puisque sa part qui augmenterait naturellement avec la prospérité du domaine se trouve réduite par ce contrepoids que les propriétaires augmentent à mesure que les produits s'élèvent reprenant ainsi la portion des profits supplémentaires qui auraient constitué pour le métayer la récompense de son zèle.

Telles sont les principales critiques qu'a suscitées la prestation colonique, examinons maintenant quelques unes des raisons qui ont été données pour la justifier.

« Le colon, dit M. Duranton, ne paie pas un prix en « argent si ce n'est ordinairement une somme pour « son logement dans les bâtiments du domaine et « pour sa part dans les impôts » (1).

Ainsi donc, d'après M. Duranton, la prestation colonique serait payée par le colon 1° pour son logement et 2° pour sa part dans les impôts qu'il ne paie pas. On en a donné une troisième justification qui consiste à dire que la rétribution des métayers pour un travail égal va-

soumettre la prestation colonique au droit proportionnel de 20 0/0 même dans le cas de contrat verbal parce que prétendait-elle cette prestation constitue un bail·

(1) Duranton T. 17.

riant suivant la fertilité du sol la redevance en argent a pour effet de rétablir l'égalité entre l'apport du métayer et celui du propriétaire.

Examinons le bien fondé de ces 3 arguments :

1° La prestation colonique est l'équivalant du loyer que le métayer doit pour son logement.

Il est évident que c'est un avantage pour le métayer d'être logé par le propriétaire mais à condition qu'on ne vienne pas lui faire payer sous forme de prestation colonique un loyer dont il n'aura pas même le droit de discuter le prix.

De plus, est-ce bien à titre de locataire que le métayer habite dans la métairie ? N'est-ce pas plutôt à titre de préposé à une exploitation obligé d'habiter dans le local de l'exploitation à cause des nécessités de surveillance et de travail ?

S'il en est ainsi l'habitation n'est pas seulement pour le métayer un droit, un avantage c'est encore bien plus une obligation qui lui est imposée par ses fonctions. Les termes de l'art. 4 de la loi de 1889 confirment cette interprétation car ils disent : Le métayer doit se servir des bâtiments d'exploitation qui existent dans les héritages qui lui sont confiés et résider dans ceux qui sont affectés à l'habitation (1).

(1) Méplain compare le métayer à un associé, directeur d'usine et il se demande si un logement de directeur ayant été ménagé dans la fabrique parceque la présence de ce directeur est indispensable à l'exploitation, on condamnerait cet associé directeur quand rien n'a été stipulé au sujet du loyer à payer un prix de location en lui appliquant la disposition de l'art. 1710, aucun tribunal conclut il n'hésiterait à déclarer qu'il ne doit rien. Méplain loc. cit. p. 206.

De ces principes il semble résulter que le métayer ne doit rien pour son logement et si l'on trouve cette solution trop défavorable au propriétaire il faudrait au moins faire en sorte que la fraction de la prestation colonique qui correspond au loyer ne dépasse pas la valeur de ce loyer.

2° La prestation colonique correspond au paiement de l'impôt.

Parmi les impôts il y en a qui incombent tout naturellement au propriétaire et d'autres qui incombent au métayer parce qu'ils sont une charge de jouissance.

Quand le propriétaire paye un impôt de la 1re catégorie il n'acquitte pas la dette du métayer mais la sienne propre. D'où cette conséquence que le colon ne lui doit dans ce cas aucune récompense. Il en est ainsi à l'égard de l'impôt foncier qui dans le fermage comme dans le métayage, doit être supporté définitivement par le propriétaire.

Au contraire quand le propriétaire paye un impôt de la seconde catégorie que le métayer doit supporter comme sont par exemple l'impôt mobilier ou les prestations il est juste de lui attribuer une indemnité, et dans ce cas la prestation colonique correspond équitablement à cette indemnité pourvu qu'elle ne dépasse pas la valeur des impôts payés par le propriétaire.

3° La prestation colonique a-t-on dit encore sert à égaliser l'apport du propriétaire et celui du métayer.

Il est certain que la même somme de travail appliquée à deux domaines dont l'un est plus fertile, mieux aménagé que l'autre, sera beaucoup plus rémunératrice dans le premier, que dans le second.

D'où provient donc cette différence puisque des deux côtés, nous avons supposé que l'apport du métayer qui consiste en travail était le même ? Elle provient évidemment de la différence de l'apport du propriétaire qui dans le premier cas a engagé un capital plus élevé que dans le second.

N'est-il pas juste dès lors qu'un prélèvement vienne rétablir la proportion entre les deux apports ?

Cette dernière raison est la meilleure selon nous qui ait été donnée en faveur de la prestation colonique.

A notre avis la légitimité de la prestation colonique est une question de fait.

En principe, elle ne devrait pas exister parce qu'elle rompt l'égalité entre le propriétaire et le métayer entre le capital et le travail si conforme à l'esprit du métayage, mais il peut arriver que le productivité plus ou moins grande du sol, la quotité des avances du propriétaire, de même qu'un certain nombre de produits abandonnés sans partage aux métayers lui donnent une raison d'être.

C'est ainsi qu'elle s'explique dans les pays, par exemple, où le propriétaire prend à sa charge les réparations locatives qui juridiquement devraient être supportées par le métayer (1) ; dans ceux également où l'on abandonne aux métayers les produits de la basse-cour, les chataignes, le lait, les légumes du potager attenant

_______

(1) Il en est ainsi notamment dans la Haute-Vienne, la Saône-et-Loir.

à la métairie, enfin dans ceux où les cheptels mort et
vif sont en totalité apportés par le propriétaire.

Ajoutons à ces raisons cette dernière considération :
Dans la plupart des pays les métayers ne contribuent
pas aux améliorations importantes dont la métairie est
quelquefois l'objet. Ils n'y contribuent pas parce qu'ils
manquent de capitaux. Est-il injuste, dès lors, que le
propriétaire qui fait à ses frais des améliorations dont
le colon est appelé à profiter dans la même proportion
que lui, tant qu'il reste sur le domaine, prélève chaque
année une faible somme qui constitue l'appoint du
métayer dans les frais d'amélioration ? Cet appoint sera
d'autant plus important que le métayer sera resté un
plus grand nombre d'années sur le domaine mais aussi
il aura profité d'avantage des améliorations et sa part
contributive se trouvera de la sorte mesurée sur les
profits réalisés par lui.

Mais si la prestation colonique a dans certains cas sa
raison d'être, il y a un grand danger dans la latitude
qui est laissée aux propriétaires d'élever, comme bon
leur semble, et sans aucune règle le taux de cette prestation. Faculté qui a une gravité toute particulière dans
l'hypothèse où le propriétaire a confié ses domaines à
un fermier général qui pourra élever pendant sa jouissance la prestation des colons pour s'aider à leurs dépens à payer son fermage.

Tout ce qu'on peut dire contre cette critique c'est que
le contrat qui nous occupe est libre. Le métayer peut,
par. conséquent, débattre avec le bailleur les conditions

de son association qui se trouve ainsi régie par la loi de l'offre et de la demande qui entraînera des concessions de part et d'autre.

C'est la principale justification à donner à la loi de 1889 qui n'a pas prohibé la prestation colonique.

En ce sens est la réponse faite par M. Clément à M. Foucher de Careil qui avait proposé, lors de la première délibération au Sénat, de proscrire dans la nouvelle loi toute clause relative à la prestation colonique. Nous ne pouvons mieux faire que de la citer en terminant sur ce sujet : il y a, dit M. Clément, entre le propriétaire et le métayer une association. Or cette association doit être librement contractée suivant les intérêts de chacun et il n'est pas possible que le législateur proscrive des clauses qui sont elles-mêmes parfaitement licites (1).

9° OBLIGATION POUR LE MÉTAYER DE PRÉVENIR LE PROPRIÉTAIRE LORSQU'IL S'AGIT DE FAIRE LA RÉCOLTE OU DE BATTRE LE GRAIN.

Cette obligation qui n'est pas mentionnée dans la loi de 1889 est une conséquence des nécessités pratiques qu'entraîne avec lui le métayage. En effet, pour que le partage puisse s'opérer d'une façon équitable, il faut que la masse à partager soit déterminée. Or à quel moment convient-il d'en apprécier l'importance si ce n'est à l'époque où la récolte s'opère ? De cette façon le métayer ne pourra commettre aucun de ces détournements

_______________

(1) Sénat. Séance du 31 mai 1880 Journ. off. 1er juin p. 5194.

qu'il est si souvent tenté d'opérer dans l'intervalle qui
sépare l'époque de la récolte de celle du battage. Pour
l'en empêcher le propriétaire notera le nombre de gerbes récoltées et le métayer devra les représenter en
nombre égal quand viendra le moment de battre le grain.

La récolte ainsi préservée de la fraude jusqu'à l'époque du battage il va de soi que le métayer quand cette
époque arrivera devra de nouveau avant de battre le
grain, prévenir le propriétaire.

Ainsi l'expression à double entente (venez partager
votre part) consacrée dans la langue du paysan qui souvent fait passer sous forme de simplicité rustique les
moqueries les plus cyniques, ne sera qu'une inexpé-
rience de langage, au lieu d'être comme cela arrive trop
souvent, l'expression de la pure vérité.

### 10° CHARROIS

La plupart du temps l'usage ou la convention as-
treignent le métayer à un certain nombre de charrois.

Parmi ces charrois, il y en a qui sont toujours obligatoires, ce sont ceux qui dérivent de l'obligation de
délivrance. En vertu de cette obligation, le métayer doit
transporter chez le propriétaire ou plutôt au chef-lieu de
l'exploitation les produits récoltés qui constituent la
part du maître. Rien de plus juste, surtout si l'on ré-
fléchit que, dans la plupart des cas, les bestiaux et les
charrettes ont été exclusivement fournis par le propriétaire.

Mais, à côté de ces charrois, obligatoires en dehors

même des conventions, il y en a d'autres qui ne peuvent dériver que de clauses positives. Ce sont ceux qui consistent à conduire au marchand qui les a achetées les denrées appartenant au propriétaire, et toutes les espèces de transports qui n'ont aucun intérêt pour le métayer. Ceux-là, nous le répétons, doivent avoir été mentionnés dans le bail ou tout au moins se trouver consacrés par des usages locaux bien établis.

Dans le cas ou des charrois ont été stipulés, si le nombre de ces charrois est limité dans le contrat, aucune difficulté mais il n'en est pas de même si leur nombre est illimité. Cette indétermination peut exposer le métayer à des abus entravant le droit de jouissance que le propriétaire s'est obligé à lui conférer, aussi nous déciderons que dans ce cas le métayer pourra demander au juge de paix, tuteur naturel des intérêts des faibles, de fixer le nombre de charrois par semaine ou par mois.

Enfin la Cour de Bourges (6 mai 1832. S. 32. 2. 248 a décidé que les charrois ne s'arréragent point, que leur nombre ait été fixé par la convention ou dérive d'une disposition judiciaire de sorte que le propriétaire ne pourra les exiger qu'au cours de l'année pendant laquelle ils doivent être exécutés.

11⁰ OBLIGATION POUR LE MÉTAYER DE NE PAS DISTRAIRE DU DOMAINE LE LAIT, NI LES FOURRAGES, NI LES ENGRAIS QUI EN PROVIENNENT

L'obligation de ne pas vendre le lait et les fourrages est de première nécessité pour les pays d'élevage car ces produits sont indispensables pour la nourriture du bétail qui constitue, dans ces pays, un des profits les plus importants par lui-même et qui a de plus l'avantage de permettre d'améliorer les terres au moyen des engrais qu'il fournit. De sorte qu'on peut dire sans exagération que le bétail est la clef de toute espèce de profits. D'où la nécessité d'assurer sa subsistance et l'obligation pour le métayer de ne pas vendre ni lait, ni fourrages sous peine de contrevenir à cette obligation générale de jouir en bon pére de famille.

Quant aux engrais il est formellement interdit au métayer de les aliéner. C'est en quelque sorte la nourriture du domaine. Ils en font partie intégrante et ne peuvent en être distraits pas plus que le lait et les pailles et fourrages.

En agissant autrement le métayer contreviendrait à l'obligation qui lui est imposée de jouir en bon père de famille et tomberait sous le coup de l'art. 1766 car il n'aurait pas employé les choses à l'usage auquel elles sont destinées. Il encourerait donc la sanction édictée par cet article, c'est-à-dire qu'il s'exposerait à une demande en résiliation de la part du propriétaire.

Ces fourrages et ces engrais qui sont attachés à la métairie et en font partie intégrante pendant la durée du bail ne voient pas leur destination changée quand le bail prend fin. Le métayer sortant doit donc les laisser sur le fonds qu'il quitte comme il laisse le cheptel. Car en principe les foins et la paille d'une métairie deviennent comme le cheptel *immeubles par destination.* Toutefois à la différence du cheptel ils ne donnent pas lieu en général à une estimation à l'entrée et à la sortie du métayer.

Mais quid si nous supposons que les fourrages proviennent d'une terre arable dont le métayer partageait ordinairement les produits et qni a été semée en luzerne ou en trèfle ? Ces fourrages comme les autres, le métayer sortant ne peut les enlever même pour partie au domaine. Il est obligé de les laisser. Aux tribunaux d'apprécier si une indemnité lui est due à raison de circonstances particulières. Mais en principe aucune indemnité ne doit lui être allouée. De quoi vient-il se plaindre ? Si du trèfle ou de la luzerne, par exemple, ont été semés sur une terre qui produisait des produits partageables, c'est qu'il y a consenti, le maître n'aurait pas eu le droit d'opérer cette transformation de culture sans son assentiment et si le métayer y a consenti c'est pour fournir un appoint à la nourriture des bestiaux dont la plus-value lui profite, c'est donc en somme dans son intérêt qu'il a agi de la sorte (1).

### 12° RAPPORTS DES MÉTAYERS ENTRANT ET SORTANT

*Le fermier sortant doit laisser à celui qui lui succède dans la culture, les logements convenables et autres facilités pour les travaux de l'année suivante ; et réciproquement le fermier entrant doit procurer à celui*

(1) En résumé le fourrage n'entre pas dans les espèces de récoltes dont le métayer peut emporter la moitié.
En ce sens le *Moniteur des Juges de paix* avril 1893.

*qui sort les logements convenables et autres facilités pour la consommation des fourrages et pour les récoltes restant à faire.*

*Dans l'un et l'autre cas on doit se conformer à l'usage des lieux (art. 1777).*

*Le fermier sortant doit aussi laisser les pailles et engrais de l'année, s'il les a reçus lors de son entrée en jouissance ; et quand même il ne les aurait pas reçus le propriétaire pourra les retenir suivant l'estimation. (art. 1778).*

Tels sont les deux articles du titre du louage qui vont clore dans notre travail la série des obligations du métayer.

La loi de 1889 (art. 13) les déclare, en effet, applicables au métayage.

Ils obligent le métayer sortant : 1° à laisser les bâtiments d'habitation dans l'état où ils se trouvaient lors de son entrée lorsqu'il a été fait un état des lieux. Dans le cas où cet état n'a pas été fait, le métayer d'après les principes généraux de la loi de 1889, devrait faire les réparations locatives. Nous renvoyons sur ce sujet à ce que nous avons dit à la page    où nous avons traité des réparations locatives. Mais ces dispositions ne s'appliquent qu'autant que l'usage du pays ne leur est pas contraire (art. 13).

2° Nous trouvons dans ces articles une autre obligation en vertu de laquelle le métayer entrant et le métayer sortant doivent se procurer réciproquement toutes les facilités pour les travaux de l'année courante. Le tout conformément aux usages locaux.

Cette obligation se rapporte à un état de fait qui peut se produire à la fin d'un bail où les intérês des deux cultivateurs entrant et sortant se trouvent parfois mêlés.

Il nous est impossible d'examiner toutes les questions que font naître ces rapports qui varient suivant les usages des pays.

Nous allons donc nous borner à étudier les rapports qui existent entre métayer sortant et métayer entrant, d'après les usages locaux de la Haute-Vienne.

Dans ce pays, l'époque des changements de métayers correspond dans la pratique la plus générale au 1ᵉʳ novembre. Cette époque est la source de nombreuses difficultés relatives aux semailles qui se font en octobre.

Dans la plupart des cas c'est le métayer sortant qui laboure et ensemence. Et en effet, son bail ne finissant que le 1ᵉʳ novembre, jusque-là, il doit s'acquitter de ses obligations parmi lesquelles l'une des plus importantes est certainement le labourage et l'ensemencement.

Mais il y a un inconvénient à laisser faire les semences par un métayer qui ne récoltera pas. La plupart du temps, il les fera dans de mauvaises conditions ne voulant se donner aucun mal pour un travail qui profitera seulement à son maître et à son successeur. Cependant les choses se pratiquent ainsi dans un grand nombre de cantons de la Haute-Vienne (Aix, Ambazac, Bellac, Chateauneuf (1).

(1) Ce système a un correctif dans l'habitude qu'a le nouveau métayer d'aider à l'ensemencement.

Dans d'autres cantons tels que Mezières Rochechouart, le colon qui est sorti revient chercher l'année suivante la récolte qu'il a semée. Cela entraîne pour lui le droit de faire tous les travaux nécessaire à la conservation de cette récolte : la clôture des haies, l'arrachage des mauvaises herbes etc. Le nouveau métayer doit non seulement permettre mais faciliter à son prédécesseur tous ces travaux. Enfin quand l'époque de la moisson est arrivé, le métayer sortant se transporte sur son ancien domaine afin de faire la récolte. Mais les blés une fois coupés et mis en gerbes, il faut les engranger moitié chez le propriétaire moitié dans la nouvelle demeure de l'ancien métayer. Pour cela l'usage le plus répandu dans les cantons que nous venons de citer est d'autoriser l'ancien métayer à se servir des bestiaux et charrettes de son ancien domaine.

Cet usage de faire prendre la récolte par l'ancien métayer a plusieurs avantages : En 1er lieu il intéresse le colon qui sème au succès de l'ensemencement; ensuite c'est une garantie pour le propriétaire et voilà pourquoi : avant le départ d'un métayer le maître règle avec lui ses comptes or, si le colon est débiteur envers le propriétaire, celui-ci trouvera dans le produit de la récolte future et encore sur pied une garantie assurée sur laquelle il pourra exercer le privilège de l'art. 2102 que la loi de 1889 lui accorde.

Dans l'autre cas, le maître a beau être armé d'un privilège, la plupart du temps il ne saura sur quoi l'exercer. Les grains précédemment récoltés pas le métayer ?

Mais ils ont été la plupart du temps consommés par lui et d'autant plus vite qu'il s'attendait à partir.

Tel est ce système qui réalise en quelque sorte à l'égard du métayer la maxime si juste d'après laquelle on récolte se que l'on a semé. Il a de grands avantages comme nous venons de le voir mais il a quelques inconvénients.

En permettant à l'ancien métayer de venir chercher la récolte qu'il a semée sur son ancien domaine, il donne naissance à une foule de difficultés pratiques. Le droit de l'ancien métayer sur la récolte entraîne pour lui le droit de venir continuellement dans le domaine surveiller le champ qu'il a semé, réparer les clôtures, exécuter les sarclages nécessaires. Remarquons enfin que si le métayer s'est établi loin de son ancien domaine il lui sera bien difficile d'y revenir pour faire la récolte.

Tant il est vrai que les systèmes qui, en théorie, paraissent les plus satisfaisants viennent souvent se heurter a des difficultés d'application qui rendent impossibles les bons effets qu'on se croyait en droit d'en attendre.

Aussi jamais il ne faut appliquer un système, surtout en matière de contrat agricole, avant d'avoir sérieusement contrôlé la théorie par la pratique.

Néanmoins il n'aura pas été inutile de citer ces différents systèmes qui montreront aux parties combien sont variées les combinaisons qu'on peut introduire dans notre contrat.

3° Enfin les articles précités mentionnent encore une

3<sup>e</sup> obligation *d'après laquelle le métayer sortant est obligé de laisser à son successeur les pailles, fourrages et engrais de l'année puisqu'il les a reçus lors de son entrée.*

Nous allons encore sur ce sujet étudier les usages de la Haute-Vienne. La pratique la plus répandue est celle-ci :

Le métayer entrant prend le foin et la paille sans aucune espèce d'évaluation ; il doit les laisser de même à sa sortie. Cet état de choses est une source de difficultés et d'abus. Le métayer sortant ayant intérêt à ce que le cheptel soit estimé cher puisqu'il aura la moitié de la plus-value commence à le nourrir copieusement en prodiguant outre mesure le fourrage dès qu'il apprend ou soupçonne son prochain départ. Quant à savoir s'il restera assez de fourrage pour le reste de l'année, c'est là le moindre de ses soucis. Le propriétaire et le nouveau métayer s'arrangeront comme ils pourront.

Il y aurait un moyen de remédier à cet inconvénient qui consisterait à faire estimer le fourrage comme le cheptel à l'entrée et à la sortie. De cette façon, le métayer n'aurait plus d'intérêt à faire consommer le fourrage outre mesure car ce qu'il gagnerait du côté de l'estimation des bestiaux, il le perdrait sur l'estimation des fourrages. (1).

(1) Cela est du reste pratiqué dans plusieurs régions.

## § 3

### A. — *Droits du Propriétaire*

Ce qui empêche dans l'association qui résulte du métayage le propriétaire de ressembler au commanditaire d'une société commerciale c'est le rôle très effectif qu'il joue dans l'exploitation du domaine.

En effet, dans la société en commandite, l'associé commanditaire demeure absolument étranger à la gestion tandis que dans le métayage le propriétaire a la haute main sur cette gestion, l'article 5 lui accorde, en effet, la surveillance des travaux et la direction générale de l'exploitation soit pour le mode de culture, soit pour l'achat et la vente des bestiaux.

En dehors de ces droits, qui sont pour le propriétaire tout autant des devoirs que des droits, l'art. 5 de la nouvelle loi accorde en outre au propriétaire les droits de chasse et de pêche.

### 1° DIRECTION GÉNÉRALE DE L'EXPLOITATION

Pour se rendre compte de l'étendue des pouvoirs que cette attribution confère au maître et en fixer la limite, il faut déterminer la nature de l'obligation contractée par le métayer, car le droit de direction du maître ne devra jamais aller jusqu'à lui permettre de rendre impossible l'exécution de l'obligation du colon.

Or, ce dernier n'a pas loué son travail comme un manœuvre ordinaire qui consent à ce que le maître applique son travail aux choses qui lui conviennent et de la façon qu'il lui plaît. Ce n'est pas un journalier, fournisseur d'une certaine quantité de force, que le maître peut diriger dans tel ou tel sens à ses risques et périls.

Non, le métayer a contracté l'obligation de cultiver le domaine et de mettre au service de cette entreprise toutes les ressources dont il dispose non seulement en capacité physique mais aussi en capacité intellectuelle et en expérience.

Or, pour exécuter une pareille obligation il faut qu'il ait dans son travail une certaine liberté d'action et que le maître sous prétexte qu'il possède un droit de direction ne vienne pas sans cesse le troubler et le contrevenir dans les opérations culturales.

Il en résulte que pour les opérations de culture journalières le métayer a seul l'initiative. M. de Gasparin a exprimé cette idée en disant qu'il était en quelque sorte « *le chef du mesnage des champs* » suivant l'expression d'Olivier de Serres.

Le maître n'a le droit d'intervenir que pour les mesures générales qui par exemple ont trait à la direction qu'il convient de donner à la culture du domaine tout entier ou à telle ou telle partie du domaine. Aucune innovation ne peut se faire sans son assentiment et il a le droit pourvu que ce soit à ses risques et périls de provoquer certaines innovations. Car notre contrat à cela de remarquable qu'il met en valeur toutes les res-

sources que l'on peut tirer des aptitudes particulières
et différentes des deux associés, l'un a la force physique et l'expérience de la culture, l'autre à généralement
plus d'instruction théorique un esprit plus ouvert aux
progrès et ce don d'initiative que donne la fortune et
qui pousse à entreprendre les innovations dont les bons
effets, coûteux pour le moment, ne se feront apprécier
que dans la suite ; au premier donc, la culture journa-
lière et pratique, au second le droit de diriger la culture
d'une façon générale et d'innover sans compromettre
toutefois les intérêts du colon. Car il ne faut pas ou-
blier suivant la remarque de Méplain que les chances
incertaines de l'innovation sont plus onéreuses au métayer qu'au propriétaire ; ce dernier n'aura le plus souvent
qu'à souffrir dans le superflu de son aisance tandis que
le colon souffrira dans le nécessaire de sa pauvreté.

Ces principes généraux une fois posés étudions-les
dans quelques unes de leurs apqlications.

(a) Personne n'ignore que les instruments aratoires
ont une grande influence sur la fécondité des champs :
suivant qu'ils sont plus ou moins perfectionnés, les
récoltes s'en ressentiront. Telle charrue par exemple
laboure plus profondément que telle autre et il y aura
avantage à l'employer. Le maître dans les pays où c'est
le métayer qui fournit les instruments pourra-t-il le
forcer à se servir d'une charrue perfectionnée ?

Evidemment oui, mais à condition que le maître en
fasse l'avance car comme le dit Méplain « il est bien
équitable de ne pas les contraindre à faire une dépense

à laquelle il est juste de penser qu'ils n'ont pas voulu
s'engager et que le plus souvent même ils ne pourraient
pas faire ; mais lorsque le maître fait cette avance sans
répétition, la seule considération, que l'entretien de
ces instruments perfectionnés peut être un peu coûteux
ne doit pas empêcher qu'on les oblige à s'en servir
parce que cet inconvénient est largement compensé par
les profits qu'ils en tirent (1).

(b). L'emploi des engrais est encore une condition de
prospérité agricole. Leur aménagement, leur conduite et
leur expansion sur les terres sont, sans aucun doute, à
la charge du colon. Nous avons vu précédemment qu'il
était interdit à ce dernier de les divertir du domaine.

Mais si nous supposons que les engrais provenant du
domaine sont insuffisants ou qu'il y a profit pour une
raison quelconque a en acheter, le maître et le colon
pourront-ils réciproquement se contraindre à en faire
l'achat?

Deux cas peuvent se présenter : 1° il s'agit d'ajouter
par des achats aux engrais que la métairie produit d'elle
même, sans que d'ailleur cet achat soit motivé par la
réparation d'une perte accidentelle.

Dans ce cas le maître aura le droit d'acheter des en
grais étrangers et d'en ordonner l'emploi sur les terres
de la métairie. Le métayer devra supporter la moitié
de cet achat s'il a été décidé dans le contrat qu'il en
serait ainsi mais « à moins d'une convention expresse,

(1) Méplain, n° 187 Ceci est d'ailleurs conforme à un avis du
tribunal de Lyon. Fenet, t. IV, p. 319.

« le maître doit supporter seul les frais d'achat, le mé-
« tayer ceux de conduite si elle peut se faire au moyen
« des bêtes de somme du domaine et ceux de manu-
« tention et d'expansion sur les terres (1) ».

2º L'achat a pour raison d'être une diminution des
pailles, fourrages engrais que produit ordinairement la
métairie survenue par suite d'un accident naturel (grêle,
sécheresse, inondation), dans ce cas l'achat étant indispensable pour que l'exploitation du domaine se fasse
dans de bonnes conditions, le maître et le colon pourront se contraindre réciproquement en invoquant les
dispositions du § 3 de l'art. 1859 (2).

Continuons à examiner des cas d'application pratique
du droit de direction et de surveillance que la loi de
1889 consacre au profit du propriétaire.

Au propriétaire, appartient encore le règlement des
assolements, le choix des semences, ainsi que le choix
des fournisseurs à qui il convient de s'adresser pour les
fournitures du domaine et qui peuvent les fournir de
plus ou moins bonne qualité. Il en sera de même pour
les ouvriers chargés de réparer les instruments aratoires
qui peuvent présenter plus ou moins d'habileté. Au
maître dans tous ces cas d'apprécier à qui il est avantageux de s'adresser.

Il a aussi le droit de faire de fréquentes visites dans le
domaine afin de vérifier si tel travail que comporte la
saison a été exécuté, si les clôtures des champs et des

(1) Méplian nº 191.
(2) Sic Méplain nº 192.

prairies sont bien entretenues ce qui a un intérêt pour
les préserver des incursions des bestiaux étrangers, et
afin de vérifier aussi si les champs ont été sarclés, les
prairies bien rigolées (1), les pêcheries bien entretenues
et régulièrement ouvertes. Enfin la surveillance s'étend
aussi aux bestiaux qui doivent être bien soignés et tenus
proprement, aux étables qui doivent être souvent net-
toyées et bien closes.

Dans tous ces cas le maître a le droit d'adresser au
métayer des observations que le cultivateur doit accepter
d'autant plus volontiers qu'elles sont aussi bien faites
dans son intérêt que dans celui du maître car un domaine bien entretenu produira èvidemment davantage.

Mais quid si le métayer refuse de se soumettre à ces
observations et d'exécuter les obligations qui résultent
de son contrat? Dès lors il aura manqué à son devoir,
il n'aura pas exécuté l'obligation de faire qu'il a con
tractée et il encourera des dommages-intérêts car toute
obligation de faire se résout en dommages-intérêts
quand elle ne peut être exécutée par un tiers. Il en
résulterait que si les travaux pouvaient être exécutés
par un tiers, le maitre aurait le droit de prendre un ouvrier aux frais du colon, suivant ce que nous avons
déjà observé.

De ce droit de direction résulte enfin pour le maître
le droit d'acheter et de choisir les bestiaux en général
et particulier les étalons. C'est dans cette dernière pré-

_________

(1) On appelle rigoles les canaux d'irrigation, pêcheries, les ré
servoirs d'eau où les rigoles aboutissent.

rogative surtout que l'influence bienfaisante des propriétaires intelligents et au courant des choses agricoles, se fera sentir. Trop souvent, les métayers font
preuve d'une insouciance vraiment surprenante en ce
qui concerne la reproduction des animaux, d'où dépend cependant la valeur du cheptel, aussi puisque la
loi de 1889 confie aux propriétaires l'achat des bestiaux
ils devront agir pour que leur ¡métayers n'aient dans
leurs étables que des animaux de bonne race.

Ceci nous amène à une réflexion générale à savoir
que dans toutes les améliorations qu'il tentera, le maître
doit toujours s'attendre à rencontrer l'opposition rou-
tinière de son métayer. Ce n'est qu'à force de persévé-
rance, de ténacité, qu'il parviendra à en triompher et,
le meilleur moyen sera peut-être pour lui d'opérer au
préalable dans une réserve toutes les innovations culturales qu'il désire introduire. Si elles réussissent,
les métayers, gens pratiques, et qui veulent voir pour
croire ne demanderont pas mieux que de les adopter.

D'ailleurs ces expériences faites sur une petite échelle
et, par conséquent, peu coûteuses, ne manqueront pas
d'avantages pour le maître, elles le sauvegarderont
d'entreprises hasardeuses qui, sur une grande étendue,
pourraient être ruineuses aussi bien pour lui que pour le
cultivateur du domaine.

Ainsi, l'esprit routinier du métayer et son expérience
pratique vient modérer fort heureusement les dangers
qui pourraient résulter de l'humeur parfois trop inno-
vatrice et trop spéculative de certains propriétaires.

## 2° Droits de chasse et de pêche

L'article 5 accorde au propriétaire en dehors du droit de direction du domaine, une autre prérogative d'un ordre différent et qui consiste dans les droits de chasse et de pêche.

Certains auteurs ont pu revendiquer ces droits au profit du fermier qui a acquis la jouissance du domaine.

Mais cette revendication qui dans le fermage peut avoir l'apparence d'une raison d'être ne peut se soutenir quand il s'agit du métayage.

En effet le maître conserve toujours sur le domaine son droit de jouissance qu'il partage seulement avec le métayer et de telle façon que le colon n'ait droit au partage des fruits, comme nous l'avons déjà remarqué, que dans la mesure où son travail et ses soins ont contribué à les produire.

Or le métayer ne contribuant en aucune façon à produire le gibier ou le poisson ne peut avoir aucun droit sur ces espèces de produits.

D'ailleurs la chasse et la pêche ne sont pour le colon qu'une occasion de perte de temps et de fatigue. Il a besoin de ses forces pour cultiver le domaine, c'est lui rendre service que de l'empêcher de les gaspiller inutilement dans les exercices que la chasse entraîne avec elle.

Au contraire à l'égard du propriétaire la chasse n'a pas les mêmes inconvénients. Pour lui qui n'a pas à fournir de travail physique, c'est en même temps qu'un plaisir un exercice bienfaisant et de plus un excellent moyen de surveiller agréablement ses propriétés.

### B. — *Droit pour les deux parties de reclamer le règlement annuel du compte d'exploitation*

D'après le paragraphe 1er de l'art. 11, chacune des deux parties peut demander le règlement annuel des comptes d'exploitation. Par cette disposition, la loi de 1889 n'a fait que reconnaître un usage pratiqué de tout temps et qui paraît essentiel au fonctionnement du métayage.

En effet, il importe que chaque année le propriétaire reçoive un intérêt pour son capital de même que le métayer est en droit d'exiger une rénumération de ses peines. Ce double résultat ne peut être obtenu que par un règlement annuel de compte faisant entre les deux parties le partage des bénéfices et des pertes conformément aux termes de leurs conventions. Il est donc utile que la loi prescrive le compte annuel et donne ainsi, suivant l'expression de M. Clément un point d'appui légal à de justes réclamations (1).

D'ailleurs ce règlement de compte annuel présente un autre avantage qui est le suivant : Chaque année comprenant un ensemble complet d'opérations, il est intéressant pour les deux parties de se rendre compte des résultats de leur association pendant cette période. Si

(1) Dans la pratique, le maître faisant les ventes de bétail il pourrait sans cette disposition retarder indéfiniment le remboursement du colon.

7

les résultats sont bons, chacun trouvera dans ce règlement de compte un encouragement à persévérer dans
la même voie, s'ils sont mauvais, ce sera le signal
d'apporter les modifications nécessaires à un état de
choses défectueux.

Examinons maintenant sur quoi porte ce compte annuel.

Généralement les fruits en nature et les céréales se
partagent immédiatement après que la récolte en a été
faite. Ils n'entreront donc pas dans notre réglement de
compte à moins que le métayer n'ait chargé comme cela
arrive quelquefois, le maître de vendre avec la sienne,
sa part de récolte.

Le réglement comprendra les ventes et les achats de
bestiaux, de fourrages, d'engrais, enfin toutes les recettes et dépenses de l'année qui, d'après les conventions,
doivent profiter ou être supportées également par les
deux parties. (Les autres recettes et les autres dépenses
ne pouvant figurer que dans leur compte particulier).

On voit par ce qui précède que le compte en question
doit présenter nécessairement quatre chapîtres.

1° *Recettes communes* dans lesquelles entre le prix
des ventes de bestiaux, denrées ou autres objets. Ces
recettes sont faites pour la communauté, généralement
par l'entremise du propriétaire.

2° *Dépenses communes* qui comprennent le montant
des achats et tous autres déboursés, qui d'après les
conventions ou l'usage doivent être supportés également par les deux parties. Généralement elles ont été
avancées par le maître.

Ces deux chapitres réglent comme on le voit la situation de la société vis à vis des tiers ; les deux autres ont pour but d'établir la situation respective des deux associés vis à vis l'un de l'autre.

Ils comprennent :

1° Les avances faites par le propriétaire pour le compte du métayer.

2° Les avances faites par le métayer pour le compte du propriétaire.

Pour liquider le compte on partagera, par moitié, les recettes et les dépenses communes.

Puis de l'actif de chacun on déduira ce qu'il doit à l'autre pour les avances qu'il a faites sur son compte.

Ajoutons qu'on déduira encore de la part du métayer le montant de la prestation colonique.

Si le compte ainsi réglé, une des parties n'a pas été intégralement désintéressée, en d'autres termes si l'une des parties reste débitrice d'un reliquat envers l'autre, ce reliquat est immédiatement exigible et comme le remarque Méplain, alors même que le bail se continue la partie débitrice ne serait point admise à renvoyer pour le remboursement à l'année suivante.

Le maître et le métayer ont pour se contraindre à payer le reliquat du compte, tous les droits ordinaires d'un créancier contre son débiteur et de plus la loi de 1889 accorde au propriétaire le privilège de l'art. 2102 que nous étudierons dans la suite.

## Compétence spéciale du juge de paix en matière de règlement de compte

Nous pouvons supposer maintenant que des contestations s'élèvent entre les parties sur les articles du compte, sans que d'ailleurs les obligations résultant du contrat soient contestées, par exemple, les parties ne sont pas d'accord sur le fait des achats ou des ventes, la quotité ou le prix des objets vendus, les avances faites. Dans tous ces cas le paragraphe 2 de l'art. 11 décide que le juge de paix sera compétent pour connaître de ces difficultés et prononcera sans appel lorsque l'objet de la contestation ne dépasse pas le taux de sa compétence générale en dernier ressort et à charge d'appel à quelque somme qu'il puisse s'élever.

Le projet du gouvernement adopté par le Sénat portait : « Le juge de paix prononce sans appel lorsque l'objet de la contestation ne dépasse pas 100 francs et à charge d'appel à quelque somme qu'il puisse s'élever... sur les difficultés relatives aux articles du compte... »

La commission de la Chambre des députés a modifié cette rédaction en lui substituant la rédaction actuelle où la limite de 100 francs fixée par la première rédaction, a été remplacée par une formule générale qui renvoie au taux de la compétence générale en dernier ressort des juges de paix de façon à faire bénéficier la compétence en dernier ressort des juges de paix en matière de règlement de compte, de l'augmentation que pourrait subir dans la suite leur compétence générale en dernier ressort.

Cela résulte du rapport de M. Million qui s'exprimait ainsi à la chambre des députés : « La compétence en dernier ressort limitée à 100 francs a paru à votre commission fixée à un taux trop bas par suite de l'augmentation des frais de justice résultant de l'aggravation des droits d'enregistrement survenus en 1872 ; il a semblé à votre commission qu'il fallait limiter le droit d'appel aux seuls litiges qui ont au moins un intérêt égal ou supérieur a celui que les parties seraient obligées d'avancer pour se faire rendre justice.

Cette considération a fait rejeter la limite de 100 francs comme trop faible pour la compétence en dernier ressort des juges de paix ; mais, pour ne pas se mettre en désaccord avec la commission qui étudie cette question, elle a pensé qu'il fallait adopter une formule générale qui renvoie au taux de la compétence en dernier ressort du juge de paix, tout en laissant dans la compétence de ce juge en premier ressort les réglements de compte entre propriétaire et métayer à quelque taux que puisse s'élever le chiffre du solde du compte. » (1).

A la demande de M. de Casabianca qui voulait savoir si la Chambre avait voulu modifier la rédaction du Sénat en ce qui concerne la compétence des Juges de Paix, M. Léopold Faye a répondu en disant que c'était une rédaction identique.

En effet, actuellement, les deux rédactions reviennent

_______

(1) Chambre des députés. Rapport de M. Million.

au même. Avec la rédaction du Sénat comme avec celle de la Chambre, la compétence en dernier ressort est toujours fixée à 100 francs, mais les deux rédactions n'auraient pas les mêmes effets si dans l'avenir la compétence des Juges de Paix en dernier ressort se trouvait augmentée. La première rédaction aurait maintenu la compétence en dernier ressort pour les articles du compte à la limite de 100 francs ; tandis que la nouvelle, comme nous l'avons dit déjà, fera bénéficier cette compétence spéciale de l'augmentation accordée à la compétence générale en dernier ressort.

En conséquence, actuellement la compétence des Juges de Paix peut-être appliquée à quelque somme que le litige s'élève sauf appel s'il dépasse 100 francs à condition que la contestation porte sur les articles du compte (*des questions de chiffres*), suivant l'expression de M. Clément et non pas sur des questions intéressant le fonds du droit et portant sur des obligations résultant du contrat car, dans ce dernier cas, la compétence du Juge de Paix serait soumise à la loi du 25 mai 1838.

Il nous reste maintenant pour terminer cette étude du règlement de compte à examiner une question qui depuis la loi de 1889 a déjà été soulevée devant les tribunaux : La compétence déterminée par l'art. 11, doit-elle être restreinte au règlement de compte d'une seule année ? En d'autres termes, le juge de paix est-il compétent pour connaître des difficultés de compte remontant à plusieurs années ?

En réponse à cette question nous allons citer un jugement du tribunal de Marmande rendu le 19 novembre 1890 et confirmé par un arrêt de la Cour d'Agen du 8 juillet 1891 dont nous empruntons les attendus suivants :

« Attendu, qu'en attribuant aux juges de paix compé-
« tence en pareille matière, le législateur a eu pour but
« de faciliter les règlements de compte entre le colon et le
« bailleur ; qu'on ne saurait soutenir que cette compétence
« doive être restreinte aux règlements de compte d'une
« année ; que la loi a voulu évidemment lui donner le
« droit de statuer sur les difficultés qui peuvent s'élever
« sur toute la durée du bail à colonat, et que si le légis-
« lateur a indiqué que le règlement de compte d'exploi-
« tation pouvait être demandé chaque année, c'est
« uniquement pour fixer les droits des parties à cet
« égard ;

« Attendu, que dans l'espèce, l'action introduite par les
« époux Guerrier contre Lescure a pour but un règle-
« ment de compte de colonage ; qu'aux termes de l'art. 11
« de la loi précitée, elle aurait dû être portée devant le
« juge de paix compétent pour en connaître, que c'est
« donc à tort que le tribunal a été saisi ; qu'il s'agit d'une
« incompétence *ratione materiæ* qui peut être invoquée
« en tout état de cause ; que, si les tribunaux civils, qui
« ont la plénitude de juridiction peuvent connaître des
« difficultés qui doivent être soumises aux juges de paix,
« ils ne sauraient statuer au fond lors que l'exception
« incompétence est soulevée par une des parties, ce qui

« pourrait avoir pour conséquence de se priver d'un
« degré de juridiction.

« Par ces motifs, se déclare incompétent. »

Les époux Guerrier ayant interjecté appel de ce jugement, la cour d'appel d'Agen a rendu cet arrêt :

« La Cour : — adoptant les motifs des premiers juges
confirme, etc. »

Cette jurisprudence nous parait parfaitement justifiée
car les motifs qui ont inspiré les dispositions de l'art. 11
sont les mêmes, qu'il s'agisse du réglement de compte
d'une ou de plusieurs années.

### PREUVE SPÉCIALE EN MATIÉRE DE RÉGLEMENT DE COMPTE

« L'art. 11 ne s'est pas borné à poser le principe de
compétence du juge de paix et à rendre ainsi la solution
du procès plus prompte et moins coûteuse. » (1) Il a
complété cette utile réforme en facilitant la preuve. Le
juge d'après le paragraphe 3 de cet article est autorisé
à statuer sur le vu des registres des parties et peut
même admettre la preuve testimoniale s'il le juge convenable.

Quelle est la raison de cette facilité donnée à la preuve ?
C'est sans doute parce qu'en cette matière les faits con-
testés n'ont pu, dans la plupart des cas, être consta-
tés par écrit et que dans ceux où à la rigueur, on aurait
pu faire un écrit, la rapidité des transactions dont il
s'agit peut être considérée comme ayant créé une sorte
d'impossibilité morale, de les constater par écrit.

(1) Cauwain page 488

En terminant cette étude sur le règlement de compte,
nous devons faire observer relativement aux registres
des parties que l'article 11 en décidant que le juge pourrait se servir de ces registres pour baser sa conviction
a montré par celà même aux parties combien était importante, pour elles la rédaction de registres régulièrement tenus. Il serait même, à désirer quoique la loi de
1889 ne le dise pas que ces regitres fussent tenus en
double : un par le maître et l'autre par le métayer, ce
qui rendrait impossible toute espèce de fraude (1).

Appendice sur la compétence générale des juges de paix<br>
en matière de colonat partiaire.

Quand les contestations ne s'élèvent pas sur les articles du compte, quand ce sont les obligations résultant
du contrat qui font l'objet du litige alors l'article 11
n'est plus applicable et l'on doit se conformer à la loi
du 25 mai 1838 qui règlemente la compétence des juges
de paix.

L'art. 1ᵉʳ est ainsi conçu : « Les juges de paix connaissent de toutes actions purement personnelles ou mobilières, en dernier ressort jusqu'à la valeur de 100 francs
et, à charge d'appel jusqu'à la valeur de 200 francs. »

_______

(1) Le paragraphe 3 de l'art. 11 s'applique au litige et non pas
seulement à l'instance en justice de paix et le tribunal peut avoir
recours aux mêmes modes de preuve que le juge de paix lui-même.

Dans un certain nombre de cas déterminés par la loi de 1838 la compétence des juges de paix en matière de colonage partiaire est réglée par l'art. 3 de cette loi ainsi conçu depuis la modification de la loi du 2 mai 1855 : « Les juges de paix connaissent sans appel jusqu'à la valeur de 100 fr., et, à charge d'appel, à quelque valeur que la demande puisse s'élever des actions en paiement de loyer ou fermages, des congés, des demandes en résiliation de baux fondées sur le seul défaut de paiement de loyers ou fermages ; des expulsions de lieu et des demandes en validité de saisie-gagerie ; le tout, lorsque les localisations verbales ou par écrit n'excèdent pas annuellement 400 fr.

S'il s'agit de baux à colons partiaires le juge de paix déterminera la compétence en prenant pour base du revenu de la propriété le principal de la contribution foncière de l'année courante multiplié par 5. »

En résumé d'une façon générale, le juge de paix est compétent pour les actions personnelles ou mobilières en dernier ressort jusqu'à 100 francs et en premier ressort jusqu'à 200 francs.

Puis dans les cas prévus par l'art. 3 de la loi de 1838 le juge de paix est compétent sans appel jusqu'à 100 francs et à charge d'appel à quelque taux que la demande puisse s'élever pourvu que le principal de la contribution foncière multiplié par 5 n'excède pas 400 francs.

Enfin, pour tout ce qui concerne les articles du compte, le juge de paix est encore compétent, sans appel, quand la valeur de la contestation ne dépasse pas 100 francs

et à charge d'appel, à quelque somme qu'elle puisse
s'élever, sans qu'on ait, comme dans le cas précédent,
à examiner si le principal de la contribution foncière
multiplié par 5 ne dépasse pas 400 francs.

Pour terminer cet appendice sur la compétence des
juges de Paix en matière de métayage nous allons citer
un certain nombre de jugements qui ont été rendus sur
cette question, depuis la loi de 1889.

La multiplicité des décisions judiciaires qui sont in-
tervenues sur ce sujet prouve combien il est fertile en
distinctions délicates (1).

---

(1) Voici, en premier lieu, un jugement rendu le 14 janvier 1891
par le juge de paix de Jarnac (Charente).

*Faits* : L... réclamait à G... la somme de 187 fr. 40 part incom-
bant à celui-ci dans les pertes éprouvées sur les animaux servant
à l'exploitation du domaine. — G... soutenait ne point avoir à
participer dans ces pertes sur animaux attendu que comme condition formelle de la culture à moitié fruits des immeubles L...
celui-ci devait seul fournir les animaux, avoir, seul aussi droit
aux bénéfices comme aussi il devait, également seul, supporter
les pertes ; ajoutant, le dit G... que les fruits des immeubles cul-
tivés à moitié avaient été partagés au fur et à mesure, et enfin,
qu'il ne devait rien au demandeur.

*Jugement* : « Nous, juge de paix, statuant par jugement con-
tradictoire et en dernier ressort ;

Attendu, qu'il résulte des débats, que les obligations du contrat
de colonage invoquées par le demandeur, sont énergiquement contestées par le défendeur ; que nous cessons, ipso facto, d'être
compétent pour connaître de différend ;

Par ces motifs, nous déclarons incompétent ratione materiæ, et
renvoyons les parties devant les juges qui doivent connaître du
litige, et condamnons L... aux dépens. »

Cette décision nous parait extrêmement juridique.

Citons en second lieu, car on ne saurait trop s'éclairer sur

### § 4. — **Risques**

Une des obligations du métayer c'est de donner à la chose les soins d'un bon père de famille. Si les choses

une matiére qui comporte des distinctions si subtiles, un jugement du Tribunal d'Agen rendu le 26 Juin 1891.

*Faits.* — Delbosq, propriétaire, assigne ses anciens fermiers Delbru, devant le Tribunal civil, pour des causes relatives au bail à colonage partiaire.

Les défendeurs opposent l'incompétence, et soutiennent que l'action doit être portée devant le juge de Paix.

*Jugement.* — « Le Tribunal attendu que Delbru père et fils, anciens métayers de Delbosq, concluent à la nullité de la saisie-gagerie pratiquée contre eux à la requête de Delbosq ; mais qu'ils soulévent l'exception d'incompétence sur l'assignation qui leur a été donnée pour voir statuer sur les conclusions au rapport déposées par l'expert Granges tiers expert nommée, par M. le Président du siége ;

Attendu, qu'il importe avant tout destatuer sur l'exception proposée ;

Attendu, que l'art. 11 de la loi du 18 juillet 1889 sur le bail à colonat partiaire, invoqué par Delbru, père et fils à l'appui de leur exception dispose que le Juge de Paix prononce sur les difficultés relatives aux articles du compte annuel d'exploitation dont chacune des parties peut demander le réglement, sans appel lorsque l'objet de la contestation ne dépasse pas le taux de sa compétence générale en dernier ressort, et à charge d'appel à quelque somme qu'il puisse s'élever ;

Attendu que le dit article qui a pour objet de faciliter le règlement de comptes entre le colon et le bailleur NE PEUT ÊTRE APPLIQUÉ AUX CONTESTATIONS QUI PEUVENT S'ÉLEVER ENTRE LES PARTIES AU SUJET DES ACCUSATIONS RÉCIPROQUES D'INCULTURE, DE MALFAÇONS. DE PRIVATION DE JOUISSANCE, OU D'AUTRES ABUS OU INFRACTIONS A LA LOI MÊME DU CONTRAT DE BAIL ; que dans ce cas, il ne s'agit plus de régler un compte annuel ou plusieurs comptes annuels d'exploitation, ce qui est entré dans les prévisions de la loi précitée, mais seulement de rechercher si le bailleur et le preneur ont manqué à leurs obligations respectives, telles qu'elles sont

qui lui sont confiées viennent à périr il y a une présomption contre lui tendant à établir qu'il n'a pas veillé à la conservation des objets avec les soins d'un bon père de famille. Il a manqué à son obligation et ce manquement constitue une faute contractuelle qui a la différence de la faute délictuelle se présume. A lui donc pour se libérer de prouver qu'il a apporté à la chose les soins d'un bon père de famille.

Tels sont les principes généraux qui régissent les obligations et qui résultent des art. 1137, 1302, 1315.

Ces principes sont confirmés à propos du louage par l'art. 1732 qui décide que le preneur répond des dégradations ou des pertes qui arrivent pendant sa jouissance à moins qu'il ne prouve qu'elles ont eu lieu sans sa faute.

Les règles qui s'appliquent aux obligations en général sont évidemment applicables au métayage et nous déciderons que si un bâtiment éprouve quelque dégradation ou se trouve détruit, le métayer ne sera libéré qu'en prouvant que cette perte a eu lieu sans sa faute.

INCENDIE. — Ici se présente une question. Quid si la perte de la chose a été causée par un incendie ? Les moyens de se disculper seront-ils dans ce cas limités, et le preneur sera-t-il obligé de prouver conformément aux termes de l'art. 1733 que l'incendie est arrivé par cas

établies par la loi dans le titre du contrat de louage, spécialement dans les art. 1720 et suivants, 1728, et suivants, ce titre ou par leurs stipulations particulières ; qu'alors la compétence des tribunaux de 1ere instance est la règle ; etc. Par ces motifs rejette l'exception.

fortuit, force majeure, vice de construction ou bien que le feu a été communiqué par une maison voisine, tout autre moyen pour établir qu'il n'est pas en faute lui restant interdit ?

Cette question avait soulevé autrefois une vive controverse qui reposait sur une façon différente d'interpréter l'art. 1733 : Les uns y voyant une dérogation au droit commun ayant pour but de limiter les moyens de se disculper en matière d'incendie à ceux qui sont énoncés en l'art. 1733, les autres et c'est la doctrine actuellement suivie par la jurisprudence, soutenant que l'art 1733 a eu simplement pour but, non d'aggraver la responsabilité du défendeur, mais de combler un doute en décidant que l'incendie n'était pas un cas fortuit ordinaire, qu'il supposait l'intervention de l'homme car en dehors de l'hypothèse du feu du ciel, le feu ne s'allume pas tout seul et que par conséquent il ne suffirait pas pour se décharger de toute responsabilité au défendeur d'établir que la détérioration était survenue par le fait d'un incendie mais qu'il fallait de plus qu'il prouvât qu'aucune imprudence, qu'aucune négligence, qu'en un mot aucune faute de sa part n'avait causé cet incendie.

La loi de 1889 a mis fin à la controverse en consacrant dans son article 4 cette dernière interprétation de l'art. 1733.

Ajoutons, d'ailleurs, que si deux arrêts de la Cour de Limoges avaient adopté le premier système (21 février 1839. Sirey 1839, II, 406 et 6 juillet 1840. Sirey 1841, II, 167) la jurisprudence la plus récente s'était rangée au second système, beaucoup plus favorable au métayer. Nous faisons allusion a un arrêt de la Cour de Riom du 19 novembre 1884 (Sirey, 1885, 2, 126).

Nous appliquerons la même théorie à la perte des récoltes ou à celle du cheptel (1). Le métayer en est responsable sauf la preuve qu'il a apporté à la garde de ces différents objets les soins d'un bon père de famille.

Mais cette preuve, une fois fournie dès qu'il est établi que la chose a péri par cas fortuit sans la faute du métayer, de quelle façon va se répartir la responsabilité dans les risques?

Pour répondre à cette question il faut distinguer entre 1° la perte des objets compris au bail (bâtiments d'habitations et d'exploitation, terres de cultures, arbres).

2° La perte des récoltes pailles et fourrages.

3° La perte du cheptel.

#### 1° PERTE DES OBJETS COMPRIS AU BAIL

Dans ce cas, la perte est exclusivement supportée par le propriétaire d'après la règle « res perit domino » et, en effet, le métayer n'ayant aucune faute à se reprocher on ne verrait pas pourquoi il serait responsable d'un accident, qui lui est totalement étranger.

#### 2° PERTE PAR CAS FORTUIT DES RÉCOLTES, PAILLES ET FOURRAGES

Dans le cas de perte des récoltes, le cas fortuit n'est plus exclusivement à la charge du propriétaire, l'art. 9

_______

(1) Art. 1830. 1807-1808.

de la loi de 1889 décide que le bailleur et le preneur supportent chacun leur portion correspondante dans la perte commune.

Dans le fermage il n'en est pas ainsi : au fermier seul de supporter la perte de la récolte par cas fortuit. Tel est le principe auquel les art. 1769 et 1770 apportent des dérogations en accordant dans certains cas au fermier le droit de demander au bailleur une diminution du prix.

La loi de 1889 n'a pas conservé la disposition des art. 1769 et 1770, l'art. 9 décide en effet que « si dans le cours « de la jouissance du colon, la totalité ou une partie de « la récole est enlevée par cas fortuit, il n'a pas le droit « de réclamer du bailleur une indemnité », et en effet, la part des fruits qu'il doit au propriétaire se trouvera tout naturellement diminuée ou même réduite à néant par la perte partielle ou totale de la récolte. Cela n'équivaut-il pas à une diminution du prix (1) ?

Si le métayer était en demeure au moment de la perte totale ou partielle le cas fortuit serait entièrement à sa charge (art. 1771 in fine) sauf la preuve difficile de l'art. (1302 2°).

Ces dispositions sont évidemment applicables aux pailles et fourrages bien que ces produits ne soient pas

_______

(1) L'art. 1771 est ainsi conçu : Le fermier ne peut obtenir de remise lorsque la perte des fruits arrive après qu'ils sont séparés de la terre à moins que le bail ne donne au propriétaire une quotité de la récolte en nature ; auquel cas le propriétaire doit supporter sa part pourvu que le preneur ne fut pas en demeure de lui délivrer sa portion de récolte.

la plupart du temps destinés au partage mais restent sur le domaine pour servir à son exploitation (2). Mais ce n'est pas une raison suffisante pour les soustraire aux dispositions de l'art. 1771 C. C. et de l'art. 9 de la loi 1889. Ces deux articles parlent en effet des récoltes en général.

### 3° PERTE PAR CAS FORTUIT DU CHEPTEL

C'est le Code Civil qui traite du cheptel donné au colon partiaire et il le déclare soumis, en principe, aux règles du cheptel simple (1830), reproduit par l'art. 1827.

Or l'art. 1810 décide que si le cheptel périt en entier sans la faute du preneur la perte en est pour le bailleur. S'il n'en périt qu'une partie, la perte est supportée en commun d'après le prix de l'estimation originaire et celui de l'estimation à l'expiration du cheptel.

Telle est la règle que nous constatons sans nous charger de l'expliquer. Elle aboutit à d'étranges conséquences telles que ce jugement de la Cour de Limoges du 21 février 1839 qui met la perte en commun parce que le métayer avait sauvé un lot de porcs. S'il avait été moins diligent et l'avait laissé périr dans l'incendie, il n'aurait perdu que sa part dans le croît.

(2) On a soutenu en se basant sur ce que les pailles et fourrages étaient nécessaires à l'exploitation que si ces produits venaient, même par cas fortuit, par l'effet d'une mauvaise récolte, à être insuffisants aux besoins du domaine le preneur seul devrait les remplacer par des achats car sa qualité de preneur l'oblige à assurer la culture du domaine avec les frais naturels quelle entraîne. Sic. Guillouard, n° 620.

8

Cette règle qui constitue une sorte de prime à la négligence a donc été maintenue à tort par la loi de 1889, elle ne s'applique, il est vrai, que lorsque le métayer n'a commis aucune faute, mais sans commettre de faute, le métayer peut être plus ou moins diligent et la disposition que nous critiquons n'est en tout cas point faite pour encourager son zèle.

## Section II

### §. 3. — Effets du bail partiaire quant aux rapports des parties avec les tiers.

Les rapports que fait naître le métayage ne sont pas tous d'ordre intérieur, l'association qu'il constitue peut exercer son action au dehors et intéresser des tiers qui ont contracté avec les parties relativement au domaine.

Nous allons étudier maintenant les règles qui régissent les rapports des parties et des tiers en examinant trois hypothèses qui ont soulevé des contestations nombreuses devant les tribunaux. En voici l'enumération :

1° Le tiers est un ouvrier employé sur le domaine par le métayer 2°; le tiers est un marchand qui a fourni des fournitures pour le domaine sur la demande de l'une des parties 3°. Une personne a été victime d'un dommage provenant du colon ou des animaux de la métairie ; dans tous ces cas, nous avons à nous demander qnelle est la portée de l'action exercée par les tiers iutéressés ? Pourront-ils agir contre l'une des parties seulement ou contre toutes les deux à la fois et dans ce dernier cas pourront-ils les actionner solidairement ?

### 1° UN OUVRIER EMPLOYÉ SUR LE DOMAINE PAR LE COLON PEUT-IL AGIR CONTRE LE PROPRIÉTAIRE SOLIDAIREMENT OU TOUT AU MOINS POUR MOITIÉ DANS LE CAS OU LE MÉTAYER NE LE PAIE PAS ?

La réponse à cette question ne souffre pas d'hésitation. Nous avons vu précédemment que l'apport du métayer consiste dans le travail ; les frais de main-d'œuvre sont donc entièrement à sa charge. Il en est ainsi tant qu'une stipulation expresse insérée dans le contrat n'est pas venue déroger à cette règle.

Nous déciderons donc que l'ouvrier ne saurait réclamer au propriétaire la moitié de son salaire ni a plus forte raison l'actionner solidairement avec le métayer. A l'appui de ce principe, nous citerons un jugement de M. le Juge de Paix de Boussac (Creuse) eu date du 22 mai 1884 qui se trouve rapporté dans le *Moniteur judiciaire de Lyon* du 28 août 1884.

« Bayet avait un colon partiaire nommé Busset lequel avait un domestique nommé Jacquet. Le 10 janvier 1882 le colon partiaire abandonna le domaine. Le domestique assigna devant le juge de Paix de Boussac le propriétaire et le colon fugitif et demanda contre eux condamnation solidaire au payement de ses gages, soit la somme de 182 fr.

Le juge de paix statua ainsi :

... « Attendu que ce bail participe à la fois et du bail
« à ferme et du contrat de société et que dans cette so-
« ciété agricole, à titre d'apports, le propriétaire four-
« nit le sol ou son domaine et le colon son industrie,
« c'est à-dire son travail personnel et celui des gens à
« son service, d'où il suit que le colon est tenu per-
« sonnellement des salaires des domestiques employés
« par lui au travail des terres qu'il cultive sous la con-
« dition d'un partage de fruits.

« Attendu que c'est à la fin du bail que le compte
« entre le propriétaire et le colon doit être arrêté pour
« constater quel est celui qui est créancier ou débiteur
« de son associé.

« Que Jacquet n'a pas demandé à prouver l'engage-
« ment qu'aurait pris Bayet de payer la totalité des
« gages. Par ces motifs donnons défaut contre Busset,
« non comparant et pour le profit, le condamnons à
« payer à Jacquet la somme de 168 fr. 33 pour gages du
« 24 juin 1881 au 10 janvier suivant ; disons que Bayet
« n'est point l'obligé solidaire de Busset, que le dit
« Bayet s'est libéré des gages qu'il devait, personnelle-
« ment à Jacquet du 10 janvier au 24 juin 1882, le mettons
« hors de cause. Donnons acte à Bayet de ce qu'il con-
« sent à verser entre les mains de Jacquet toutes les
« sommes dont il se trouvera débiteur envers Busset,
« après apurement de son compte avec ce dernier. Auto-
« risons, en tant que de besoin, Jacquet dûment subrogé
« aux droits de Busset à poursuivre dès maintenant le
« règlement de ce compte ».

Il résulte clairement de ce jugement que les ouvriers employés par le colon n'ont aucune action contre le propriétaire et ne peuvent l'actionner ni pour le paiement de la moitié ni a plus forte raison, pour le paiement solidaire de leur salaire.

Qu'on ne dise pas que cette solution entraîne une grave injustice qui consiste à faire bénéficier le propriétaire, aux dépens de l'ouvrier, d'une récolte que ce dernier a contribué à produire, car ce facheux résultat est rendu impossible : 1° par la disposition de l'art. 2102 qui déclare que les sommes dues pour les frais de récolte sont payés sur le prix de cette récolte par préférence au propriétaire et 2' par celle de l'art. 2101 que nous examinerons quand nous étudierons le privilège du bailleur et qui déclare privilégiés les salaires des gens de service.

2° Des fournitures, fourrages ou autres, ont été achetées pour l'usage de la métairie, des réparations ont été faites aux instruments aratoires ou aux harnachemets etc....,

Voilà des faits qui soulèvent 2 questions :

1º Dans quelle proportion le maître et le métayer devront-ils supporter les frais de ces achats ? C'est une question à débattre entre le maître et son métayer qui dépend des conventions et des usages et qui se règlera lors du règlement de compte. Nous l'avons étudiée précédemment.

2º Mais en dehors de cette question il y en a une autre qui intéresse les tiers. C'est la suivante : Dans quelle

mesure les tiers pourront-ils actionner le propriétaire
et le métayer à l'occasion de ces différents achats?

Pour préciser notre question : Supposons qu'un maître ou un métayer ait contracté seul avec un marchand
dans l'intérêt de la métairie. Dans ce cas le marchand
pourra-t-il poursuivre solidairement les deux parties ou
chacune pour moitié, ou seulement la partie avec laquelle
il a contracté ?

La solution que l'on donnera à cette question a un
grand intérêt pour le marchand, car si par exemple il
a traité avec un métayer, il ne lui est pas indifférent
dans le cas d'insolvabilité du colon d'avoir comme débiteur solidaire le propriétaire lui-même ou de l'avoir
tout au moins comme débiteur pour moitié.

Ceci dit, écartons tout d'abord le système de la *solidarité*. Il est évident qu'il n'y a aucune espèce de solidarité entre le maître et son colon car la solaridité con-
ventionnelle ne se présume pas et nous ne nous trouvons pas dans un cas de solidarité légale. Même pour
ceux qui reconnaissent au métayage le caractère d'une
*société*, la solidarité ne doit pas être admise parce que
si la solidarité existe de plein droit dans quelques sociétés commerciales, il n'en est pas de même dans les
sociétés civiles (art. 1862).

Ce système a cependant été appliqué par un Juge de
Paix dont la décision fut annulée par le tribunal de
Marmande (1). Ce jugement se trouve rapporté par

(1) Gazette du Palais du jeudi 3 février 1887.

M. Rérolle (1). Nous croyons donc inutile de le reproduire.

La jurisprudence des Juges de Paix est d'ailleurs unanime depuis quelque temps pour écarter la solidarité ainsi qu'en témoignent un jugement d'un Juge de Paix d'Eure-et-Loire, rendu le 13 novembre 1888 et un autre jugement d'un Juge de Paix de la Haute-Garonne du 4 mai 1892 (2) qui sont tous les deux très longuement motivés (3).

Ce système de la solidarité une fois écarté, nous nous trouvons en présence des deux autres systèmes sur lesquels la jurisprudence paraît beaucoup moins sûrement établie.

(a) Un de ces systèmes admet que l'orsqu'un métayer a fait un achat pour le compte de la métairie le maître est obligé bien que le colon ait agi sans son consentement.

Ce système invoque les art. 1862 et suivants relatifs aux engagements des associés à l'égard des tiers. Or d'après l'art. 1864, un associé qui contracte pour le compte de la société a le droit d'obliger son co-associé s'il avait les pouvoirs nécessaires ou si la chose a tourné au profit de la société.

(1) Rérolle. Métayage p. 357.

(2) *Moniteur des Juges de Paix*, janvier 1889 et août 1892.

(3) On ne pourrait pas non plus poursuivre le maître pour le tout en prétendant que son colon a agi en vertu d'un mandat car le métayer en traitant au nom de la métairie agit pour son compte tout autant que pour celui du maître. D'ailleurs nous avons vu déjà que le colon n'est ni un proposé ni un mandataire.

Donc d'après ce système puisque nous supposons que le métayer a agi sans autorisation et n'avait pas les pouvoirs nécessaires le maître sera obligé seulement dans le cas où la chose aura profité à la métairie.

Mais dans quelle mesure sera-t-il obligé ? D'après l'interprétation donnée à l'art. 1864 par un arrêt de cassation, quand un associé est obligé par le fait de son co-assossié parce que la chose a profité a la société l'obligation de cet associé est proportiennelle à la part qu'il a dans la société.

Il en résulterait puisque le maître et le métayer ont une part égale dans la société que l'obligation du maître devrait être de moitié dans tous les cas.

Cependant les jugements que nous avons sous les yeux déclarent le maître obligé proportionnellement à sa part contributive dans les frais de fournitures telle qu'elle est fixé par les clauses du contrat ou par les usages locaux.

En résumé et, sauf cette dérogation aux règles de la société, d'après ce système le métayage est une société qui existe non seulement à l'égard des parties contractantes mais aussi à l'égard des tiers, l'obligation des parties envers les tiers se trouvant déterminée par les règles qui régissent leur contribution dans les frais de fournitures.

(b) D'après un autre système on admet que l'association qui existe entre les parties n'existe pas vis-à-vis des tiers et ne saurait par conséquent produire aucun effet quant à eux. « Dans cette partie, dit Méplain, la

« société du colonage partiaire a en effet avec l'associa-
« tion en participation plus d'un point de ressemblance.
« L'associrtion quoique solidement nouée entre les par-
« ties contractantes n'a pas de corps à l'égard des tiers
« pour qui elle est tout à fait inconnue, pour ceux-ci
« c'est sur la tête du maître que repose toute l'affaire ;
« elle est censé lui apaprtenir en entier (1). »

Il en résulte que le propriétaire ne saurait être obligé
par son métayer. « L'achat fait par le métayer dit en-
« core Méplain ne donne point en général au vendeur
« d'action contre le maître ».

En effet la société n'existant pas vis-à-vis des tiers
l'art. 1864 n'est pas applicable et le métayer ne peut
obliger son maître que dans le cas ou il se trouve muni
d'un mandat de ce dernier et alors il faut appliquer les
les règles du mandat d'après lesquelles le maitre est
obligé pour le tout.

Le métayer qui contracte sans l'autorisation de son
maître n'oblige que lui seul vis-à-vis des tiers. Ceux-
ci sont prévenus et ne devront traiter par conséquent
avec un métayer qu'après s'être assuré qu'il est autorisé ou. qu'il est solvable (1).

N'est-il pas excessif fait remarquer ce système de dire
que le propriétaire pourra se trouver à son insu et peut
être contre son gré obligé par son métayer ? Sans doute,
il n'est obligé que pour un ordre de dépense auxquelles
il devait contribuer et dans la mesure de cette contribu-

(1) Méplain p. 209.
(1) En ce sens Bastia 25 avril 1855 ; Cassation 19 janvier 1868.

tion, mais il lui appartient d'apprécier l'opportunité des achats, d'en discuter le prix et de choisir le fournisseur auquel il lui plait de s'adresser.

D'un autre côté ajoute ce système si le métayer a le droit d'obliger son maître il faut admettre la réciproque à savoir que lorsque c'est le maître qui commande, le métayer se trouve obligé envers les tiers. Quand un maître viendra commander des fournitures le marchand ne se trouvera donc pas garanti par sa solvabilité ; il faudra qu'il s'assure de la solvabilité de son autre débiteur, du métayer obligé pour moitié (1).

N'est-il pas plus simple de décider que la société n'existant pas vis-à-vis des tiers, celui là seul est obligé qui a figuré au contrat. Ainsi les tiers n'ont aucun risque à courir. Ils connaissent immédiatement leur débiteur et sont libres de prendre les mesures que la prudence leur conseille.

« Dans les actes à l'égard des tiers le maître n'est réputé agir que dans son intérêt propre, et ses stipulations en cette matière n'engagent pas les tiers avec le colon, ni le colon envers les tiers. La société n'acquiert de droit sur les choses achetées que par un fait postérieur à l'acquisition, leur délivrance aux mains du colon ou leur introduction dans les héritages soumis au colonage avec intention de les y attacher. Jusqu'à cette destination manifestée par des actes extérieurs la chose achetée n'appartient pas à la société, elle est la

_______________

(1) Il y aurait un moyen d'éviter cet inconvénient ce serait d'exiger du maître un engagement solidaire.

propriété du maître et demeure à ses risques et le vendeur ne peut avoir d'action en paiement que contre le maître (1) ».

C'est à ce dernier système que nous donnerons, après bien des hésitations, la préférence. Il nous semble qu'il est plus juridique parce que la loi de 1889 ne renvoie pas aux art. 1862 et suivants que l'autre système applique ; de plus le métayage n'est pas une société. On ne peut donc pas lui appliquer les règles de ce contrat.

Ajoutons que le système précédent a le tort de confondre une question de contribution avec une question d'obligation envers les tiers. C'est à dire de soumettre les rapports extérieurs des parties avec les tiers à des règles qui ne concernent que les rapports des parties entre elles et que les tiers ignorent forcément.

Il a enfin l'inconvénient de porter atteinte au droit de direction qui appartient au maître suivant l'art. 5 de la loi de 1889 ainsi conçu : Le bailleur a la surveillance des travaux et la direction générale de l'exploitation, soit pour le mode de culture, soit pour *l'achat et la vente des bestiaux* (2).

En admettant au contraire que la partie qui contracte sans mandat s'oblige seule, on évite tous ces inconvénients en appliquant simplement le droit commun. Et les marchands, sachant d'une façon précise à quoi s'en

(1) Méplain p., 208.
(2) Puisque le maître a la direction du domaine pour l'achat et la vente des bestiaux, n'en résulte-t-il pas qu'il l'a également pour l'achat et la vente des fourrages qui doivent être proportionnés à l'importance du bétail ?

tenir, les transactions agricoles seront ainsi rendues plus faciles et plus promptes.

Cette matière est d'ailleurs soumises aux usages locaux, comme toutes celles qui concernent le métayage quand la loi de 1889 n'a pas voulu y déroger.

Mais nous ferons remarquer que la plupart du temps les usages locaux qui règlent la question de contribution, ne règlent pas la question d'obligation envers les tiers. Cela tient sans doute à ce que les marchands auxquels on s'adresse pour les fournitures du domaine, se trouvent le plus souvent en dehors du canton où est située la métairie, et ne pourraient par conséquent être soumis à des usages qu'il leur est impossible de connaître.

Il nous faut observer en terminant que les tiers qui ont fourni des semences ou des ustensiles aratoires, ont un privilège qui prime celui du bailleur sur le prix de ces semences ou de ces ustensiles (art. 2102).

Le même article accorde encore un privilège pour le prix d'effets mobiliers non payés s'ils sont encore en la possession du débiteur, soit qu'il ait acheté à terme ou sans terme. Mais le privilège du vendeur dont il est ici question, ne s'exerce qu'après celui du propriétaire.

3° QUID DE LA RESPONSABILITÉ DU PROPRIÉTAIRE A RAISON DU QUASI DÉLIT D'UN DE SES COLONS OU A RAISON DU DOMMAGE CAUSÉ PAR UN ANIMAL FAISANT PARTIE DE LA MÉTAIRIE ?

L'art. 1384 déclare les maîtres responsables du dommage causé par leurs domestiques et préposés dans les fonctions auxquelles ils les ont employés. Pour savoir si le maître est responsable du fait de son métayer, il faut donc se demander si le métayer peut être assimilé oui ou non à un domestique ou à un préposé. En cas d'affirmative, le maître est responsable; il ne l'est pas si l'on admet la négative.

Or, sans aucun doute, c'est cette dernière opinion qu'il faut admettre, car si le métayer n'est pas dans une situation aussi indépendante que celle d'un fermier à cause du droit de direction qui appartient au maître, il ne peut pas cependant, être assimilé à un domestique.

En effet, malgré le droit de direction du maître, le métayer conserve une certaine indépendance : la décision de toutes les mesures de détail lui appartient et quand le maître veut lui imposer quelqu'opération culturale, le métayer a le droit de la discuter, car il est intéressé à ce que l'opération ne tourne pas mal. Si le maître vient à vendre des bestiaux, il doit en rendre compte à son métayer, bien plus, il ne peut faire aucun achat ni aucune vente sans l'avoir consulté et s'être entendu avec lui. Enfin, le maître ne peut exiger de son métayer aucun service en dehors de ceux qui sont mentionnés dans le bail.

Le métayer n'est donc pas un domestique. Il agit pour son compte et il en résulte que le quasi délit du colon, n'engage nullement la responsabilité du propriétaire.

Quant à la responsabilité du propriétaire à raison du

dommage causé par les animaux de la métairie ; au premier abord, elle semblerait résulter de l'art. 1385 qui déclare « le propriétaire est responsable du dommage « que l'animal a causé, soit que l'animal fût sous sa « garde soit qu'il fût égaré ou échappé »

Mais quand on étudie cet art. avec quelque attention on ne tarde pas à se rendre compte que la responsabilité du propriétaire est basée sur la garde de l'animal qu'il est présumé avoir.

Mais quand l'animal est confié à un métayer, lui seul en ayant la garde, lui seul doit être responsable.

Ces principes se trouvent appliqués dans un jugement du Tribunal de Sancerre, confirmé par arrêt de la Cour de Bourges du 30 Novembre 1885.

*Un sieur Chevalier, métayer de la dame Chenu, avait laissé pénétrer ses vaches sur la voie du chemin de fer ce qui avait amené un déraillement. La compagnie mettait en cause la dame Chenu en vertu de l'art. 1384 ou de l'art. 1385 C. C. Or voici la décision du Tribunal :*

*« Attendu que la responsabilité civile a raison du fait d'autrui est de droit étroit et ne peut résulter que d'une disposition expresse de la loi ; que l'art. 1384 C. C. ne l'impose qu'aux maîtres et commettants pour le dommage causé par les domestiques et préposés dans les fonctions auxquelles ils les ont employés ; que cette disposition est fondée sur les rapports d'autorité et dépendance qui existe entre les maîtres et commettants, d'une part, et les domestiques ou préposés de l'autre, les premiers ayant tout à la fois le droit et le devoir*

de donner à leurs subordonnés les ordres nécessaires, et de leur prescrire les mesures convenables dans l'accomplissement des fonctions auxquelles ils les emploient ;

« Que Chevalier était métayer ou colon partiaire de la dame Chenu, qualité qui n'implique en rien celle de préposé et en est même exclusive ;

« Qu'en effet, quel que soit le caractère juridique que l'on attribue au colonage partiaire, le colon ne remplit pas une fonction au nom d'autrui et qu'il est parfaitement libre et indépendant relativement à toutes les opérations se ratachant au colonage, dans la gestion duquel le propriétaire ne saurait s'immiscer autrement que pour sauvegarder les droits que lui assure son contrat et les règles légales ou consuétudinaires qui s'y rattachent ;

« Qu'un particulier, en dehors des clauses d'une nature exceptionnelle dont les tiers ne seraient pas d'ailleurs recevables à se prévaloir, il ne peut pas plus imposer qu'interdire un mode quelconque de pâturage au colon, qui est son propre maître et ne relève que de lui seul à cet égard ; qu'ainsi la dame Chenu ne saurait être responsable de la négligence imputée à une personne sur laquelle elle n'avait aucune autorité, ni d'une manière générale ni a raison des faits qui ont été l'occasion de la négligence ;

« Sur le chef de la responsabilité, qui lui incomberait comme propriétaire de l'animal, cause de l'accident ;

« Attendu que si l'art. 1385 C. C. impose une responsa-

*bilité au propriétaire de l'animal, ce n'est nullement
en sa seule qualité de propriétaire, mais parceque, en
tant que propriétaire, il en a la detention, l'usage et
la garde;*

*« Que, dès lors, si, tout en conservant la propriété il
se dessaisit de cette détention, de cet usage, de cette
garde par un contrat légal et régulier, la responsabilité
passe à celui qui en est désormais investi, comme celà
résulte du même article ; que ceci n'est pas susceptible
d'une autre interprétation parce qu'il répugne à la raison et à l'équité que le propriétaire réponde d'un animal
qui n'est plus à sa disposition et dont la possession de
fait appartient legitimement à une autre personne, que
par suite du contrat de cheptel (quelle que soit d'ailleurs
l'espèce du contrat) intervenu entre la dame Chenu et
Chevalier, la jouissance et la garde de l'animal en question avait été légalement transmise à ce dernier : que
celui-ci seul l'avait à sa disposition ; qu'à l'égard de
cet animal et des autres bestiaux du cheptel, la dame
Chenu n'avait plus non seulement une obligation, mais
un droit quelconque d'ingérence en dehors du cas de la
sauvegarde de ses intérêts personnels découlant du contrat ; quelle ne saurait donc être responsable, en qualité
de propriétaire du dommage causé par un animal dont
la surveillance à l'époque de l'accident ne la regardait
pas plus en droit qu'elle ne lui appartenait en fait. (1). »*

(1) Dans le même sens arrêt de la Cour de Toulouse, 5 avril 1865
arrêt de Cassation du 14 février 1862.

Il résulte de ces principes que dans le cas où il existe une assurance contre les accidents causés par les bestiaux de la métairie les primes de cette assurance doivent être payées par le métayer puisque c'est lui que l'assurance garantit,

# CHAPITRE IV

*Fin du contrat de métayage. — Modes d'extinction.*

### 1° ARRIVÉE DU TERME.

L'article 13 de la loi de 1889 renvoie aux art. 1736 à 1741 qui énumèrent un certain nombre de modes d'extinction du contrat de louage.

Parmi ces mode d'extinction applicables au métayage d'après la nouvelle loi se trouve l'arrivée du terme spécialement visée par les art. 1736 et 1737.

D'après ces articles, il faut distinguer si le bail a été fait *par écrit* ou si, au contraire, il a été fait *sans écrit*. Dans le premier cas le contrat cesse de plein droit par l'arrivée du terme fixé, dans le second cas un congé est nécessaire.

Ce principe établi, il importe de déterminer ce qu'il faut entendre par *baux non écrits* et *baux écrits*. En notre matière, ces expressions n'ont pas leur sens littéral: on appelle bail écrit celui qui est contracté pour une durée fixe, qu'il ait d'ailleurs été fait par écrit ou verbalement; au contraire ou appelle bail non écrit celui qui ne contient aucune stipulation relative à la durée. En d'autres termes, pour savoir si un congé est nécessaire, il faut s'attacher non pas à cette circonstance, qu'un bail est écrit ou verbal mais bien au point de savoir si le bail est fait ou non pour une *durée fixe*. Si oui, le bail finira au terme fixé, fut-il fait sans écrit; sinon il faudra donner congé pour y mettre fin, le bail fut-il écrit.

(a) DURÉE DU BAIL A MÉTAIRIE NON ÉCRIT. — La durée du bail écrit étant toujours celle qui a été déterminée supposons qu'un contrat de métayage ait été fait sans terme assigné à sa durée, dans ces conditions, nous n'appliquerons pas, comme dans le bail à ferme, l'art. 1774 d'après lequel « le bail à ferme sans écrit est censé fait pour le temps qui est nécessaire afin que le preneur recueille tous les fruits de l'héritage affermé ». La loi de 1889 dans sa rédaction définitive, a retranché en effet les articles 1774 et 1776 insérés dans son texte primitif.

Le rapporteur de la chambre et le rapporteur du sénat qui sont d'accord sur l'opportunité de cette suppression en donnent toutefois des motifs différents.

M. Million invoque des raisons tirées de l'agriculture : l'introduction des engrais chimiques, la suppression des jachères ont détruit l'antique rotation des cultures sur laquelle était basée l'art. 1774 (1).

Quant à M. Peaudecerf rapporteur de la commission

(1) Rapport à la Chambre des députés. Annexe au procès-verbal de la Séance du 14 Juin 1888. p. 48.

du sénat, il s'exprime ainsi : « Votre commission accepte la suppression des deux articles visés parceque regardant la culture par métayage comme une véritable association entre le capital, l'intelligence agricole d'une part et le travail d'autre part, elle admet sans effort qu'à défaut de location écrite ou après expiration des délais stipulés par une convention écrite, s'il y a eu tacite reconduction, bailleur et preneur puissent ne pas être dans l'obligation de rester attachés l'un à l'autre au plus grand détriment de leurs intérêts communs (1).

Ces raisons sont données pour la durée de la tacite reconduction, mais elles s'appliquent également à la durée du bail non écrit.

Mais si la durée du bail non écrit n'est pas déterminée par l'art. 1774, à quelle règle est-elle soumise ? Ne pouvant plus nous en référer à l'article consacré spécialement aux baux ruraux faits sans écrit, il faut nous en référer à l'art. qui s'applique à tous les baux en général, c'est-à-dire à l'art. 1736 que la loi de 1889 art. 13, déclare applicable à notre matière. Or, cet article déclare que « si le bail a été fait sans écrit, l'une des parties ne pourra donner congé à l'autre qu'en observant les délais fixés par l'usage des lieux » article qui d'après M. Laurent veut dire que la durée est fixée par l'usage local, tandis que M. Guillouard soutient que la durée du bail est indéterminée et qu'il ne finira qu'au moyen d'un congé signifié par l'une des parties à l'autre, les

(1) Rapport au Sénat. Annexe au procès-verbal de la Séance du 28 juin, 1889 p. 7.

délais d'usage devant d'ailleurs être observés dans le congé (1).

C'est cette dernière opinion que nous adopterons parce qu'elle nous parait plus conforme à l'esprit de l'art. 1736. D'après cet article, c'est le congé qui met fin au bail dans le bail non écrit contrairement à ce qui a lieu dans le bail écrit, où le bail finit de plein droit par l'arrivée du terme (art. 1737.) Dire que le bail non écrit a la durée de l'usage local, c'est donc soutenir un système contraire à celui de l'art. 1736, *c'est décider que le bail non écrit prendra fin comme le bail écrit par l'arrivée du terme, seulement le terme serait ici le terme d'usage au lieu d'être le terme stipulé dans le contrat.* C'est donc contraire à la loi.

(b) Du congé. — Après avoir vu quel était le rôle du congé dans le bail non écrit, nous allons maintenant étudier à quellescon ditions le congé peut être donné valablement.

Aucune forme n'est exigée pour le congé qui peut être verbal.

Mais ce mode de congé a des inconvénients car il se peut que la partie adverse prétende ne l'avoir par reçu. Il faudra alors prouver qu'il a été donné et la preuve, en cette matière, sera nécessairement soumise au droit commun. La preuve par témoins ne sera donc admise que dans le cas où l'objet du contrat ne dépasserait pas

_______________

(1) En ce sens : Gauwain, Législation rurale n° 358. Guillouard, tome II, n° 501.

150 francs, à moins qu'il n'y ait un commencement de preuve par écrit (art. 1347).

C'est pourquoi on évitera bien des difficultés en donnant congé par huissier.

Quels sont les délais pour donner congé ? Le délai pour donner congé varie suivant l'usage des lieux. Ceci nous amène donc tout naturellement à examiner quels sont, en matière de congé, les usages locaux de la Haute-Vienne.

Dans ce département, le congé est toujours verbal ; quant au délai, pour le donner, les usages varient. Dans certains cantons, comme Bellac, il se donne à la fin d'août ou à la première quinzaine de septembre, souvent même dans les derniers jours du bail. A Bessines le congé se donne encore plus tard, puisqu'il suffit d'un avis donné la veille de l'expiration. Au Dorat, à Rochechouart, le congé se donne quinze jonrs avant la Saint-Martin. A Mézières, à Châteauponsac, du 1$^{er}$ au 11 août A Chalus, à Saint-Yriex, à Saint-Sulpice, à Eymoutiers, à Châteauneuf, le délai est fixé dans les baillettes. Dans le dernier canton cité, le délai en usage dans la plupart des baillettes, est d'*un mois* avant le 1$^{er}$ novembre, époque de la clôture des comptes.

Dans les divergences regrettables de ces usages, nous pouvons remarquer une tendance qui consiste à ne donner congé que le plus tard possible. Les parties semblent vouloir ne se prévenir qu'au dernier moment, et confondre pour ainsi dire en une même date, l'époque du congé et celle du départ.

Cet état de choses tient à ce que les métayers prodiguent le fourrage, négligent les semailles, cultivent mal enfin, dès qu'ils connaissent l'époque de leur départ. Dans ces conditions, il a paru préférable de les avertir le plus tard possible.

Néanmoins cette pratique de donner congé au dernier moment a de graves inconvénients. Elle empêche le métayer de chercher une place et l'expose ainsi à se trouver sans travail quand il quittera le domaine ; d'un autre côté, le maître qui aura été prévenu au dernier moment du départ de son métayer se trouvera pris à l'improviste pour le remplacer et dans l'impossibilité de choisir.

Dans les deux cas, comme on le voit, il y a des inconvénients à maintenir cet usage; aussi vaudrait-il mieux prendre un moyen terme qui consisterait en un délai d'un mois. Les inconvénients de la négligence des métayers ne pourraient pas être bien grands dans un laps de temps si peu étendu et nous avons vu précédemment comment on peut arriver à ce que les semailles, s'opèrent dans de bonnes conditions en les faisant surveiller par le métayer nouveau de même qu'on évitera les prodigalités de fourrage en ayant recours comme pour le cheptel à une estimation opérée à l'entrée et à la sortie du métayer.

Si l'usage normal du congé est de mettre fin aux *baux non écrits* il peut aussi intervenir dans les *baux écrits* pour empêcher la tacite reconduction de se produire. Il prend alors le nom de *congé avertissement*. Toutefois il y a une différence entre le *congé proprement dit* et le *congé avertissement.* Tout d'abord, leur objet n'est pas le même : le premier a pour but d'empêcher un contrat de continuer ; le second a, au contraire, pour but d'empêcher la naissance d'un nouveau contrat c'est-à-dire de mettre obstacle à la tacite reconduction. Ensuite ils ne sont pas soumis aux mêmes règles : Dans le congé ordinaire, on doit observer les délais fixés par l'usage local. Au contraire, dans l'avertissement, aucun délai n'est obligatoire : Le congé peut être donné le jour même de l'expiration du bail ou même après, pourvu que ce retard ne soit pas trop considérable car alors il y aurait tacite reconduction (1).

(c) Tacite reconduction. — Le terme fixé dans la convention est échu mais malgré celà le preneur reste en possession et le bailleur l'y laisse sans protester. Il s'est formé en vertu de ce consentement tacite, qui résulte en quelque sorte des faits eux-mêmes, un nouveau contrat que l'on appelle *tacite reconduction.*

Ce n'est pas la continuation de l'ancien bail, c'est un nouveau bail qui s'est formé. Il en résulte qu'au moment où la reconduction s'opère, les parties doivent être capables comme au moment de la conclusion du contrat lui-même. Il en résulte aussi que la durée de la tacite reconduction ne sera pas celle du bail primitif, mais bien celle des baux faits sans limitation de durée aux termes de l'art. 1738. Or cet article renvoie en ce qui concerne les baux ruraux aux articles 1774 et 1776.

(1) Duranton XVII n° 119.
Duvergier III n° 503.

Avant la loi de 1889 il fallait donc s'en référer à ces articles tout au moins lorsque l'on admettait l'assimilation du métayage au fermage. Mais la loi de 1889 a rayé ces articles de son texte primitif, déclarant par là d'une façon formelle qu'ils étaient inaplicables au métayage.

Ne pouvant plus nous en référer à l'article 1774 consacré spécialement aux baux ruraux faits sans écrit il nous faut pour nous conformer a l'article 1738 consulter l'article qui s'applique aux autres baux c'est-à-dire à l'art. 1736 que la loi de 1889 art. 13 déclare d'ailleurs applicable à notre matière ainsi que l'art. 1738. Il en résulte que la durée de la tacite reconduction est celle d'un bail non écrit. Nous renvoyons donc à ce que nous avons dit précédemment sur les baux non écrits.

La *tacite reconduction,* nous l'avons vu, donne naissance à un nouveau bail il en résulte que la *caution* donnée pour le bail primitif ne s'étend pas aux obligations résultant de la prolongation. En même temps que le bail, l'engagement de la caution a pris fin et pour qu'elle soit tenue de garantir les obligations du nouveau contrat, un nouveau consentement de sa part serait nécessaire.

Remarquons en terminant sur ce sujet, que la *tacite reconduction* n'est possible que pour les baux écrits c'est-à-dire pour ceux dont la durée est déterminée dans la convention expresse ou légalement présumée des parties. « Il est manifeste qu'il ne peut être question de tacite reconduction pour les **baux** *sans écrit* dont la durée est indéfinie et qui ne prennent fin que par un congé. En effet, de deux choses l'une : où il n'a pas été donné congé et alors le bail continue toujours ; ou il a été donné congé et alors la reconduction ne peut pas s'opérer puisque le congé a pour but d'y mettre obstacle (1) ».

La suppression des art. 1774 et 1776 est-elle avantageuse ? à cette question, M. Guillouard répond en constatant que cette suppression a le tort de porter atteinte à un résultat bien désirable : « la longue durée de l'ex-« ploitation d'un fonds par le même colon, longue durée que facilitait beaucoup le système des art. 1774 et 1776 (2) ».

Quant à nous, il nous semble que cette longue durée n'est désirable, et ne peut produire de bons effets que si elle résulte de la volonté des parties. Or, comme l'a fait remarquer M. Peaudecerf, rapporteur au Sénat, les articles 1774 et 1776 pourraient, dans certains cas, attacher l'un à l'autre, peut-être contre leur gré, un maître et un colon qui avant tout ont besoin d'entente pour mener à bien leur exploitation.

### 2° Perte de la chose

Elle peut être totale ou partielle.

(a) *Perte totale.* — Dans le cas de perte totale, l'article 8 déclare le bail résilié de plein droit. Il ne fait

(1) Baudry-Lacautinerie page, 426.
(2) Guillouard tome II n° 633

donc  que reproduire la disposition de l'art. 1741 que
l'art. 13 de la loi de 1889 declare d'ailleurs applicable
au métayage. Or d'après l'interprétation générale donnée à cet article « la chose louée doit être considérée
comme perdue, non-seulement lorsqu'elle a complètement disparu mais encore lorsqu'elle n'est plus en état
de procurer au fermier les avantages sur lesquels il
était en droit de compter (1) ».

Ayant ainsi indiqué ce qu'il faut entendre par perte
totale, nous devons distinguer suivant que cette perte
totale a été causée par la faute d'une des parties ou
qu'elle a été produite par un cas fortuit indépendant
de leur volonté.

Dans le premier cas, le contrat est bien résolu, faute
d'objet, mais il y aura lieu à une condamnation en
dommages-intérêts, et même à une condamnation pé-
nale dans le cas où la faute serait délictuelle et non
plus seulement contractuelle.

Dans le second cas la résolution du contrat n'entraîne
avec elle aucune condamnation en dommages-intérêts.
Le contrat n'ayant plus d'objet cesse d'exister ipso
facto exemple :

La métairie a été expropriée pour cause d'utilité publique ; elle a été submergée par suite d'un affaissement
subit de la côte ; ou bien les terrains concédés sont des
vignobles détruits par le philloxéra (2). M. Gauwain

(1) Gauwain, Législ. rur. page 458.
(2) D'après un jugement du tribunal de Marseille et un arrêt
de la Cour d'Aix, la destruction des vignobles par le philloxéra
peut être considérée comme une perte totale de la chose louée, en-

admet qu'il en serait encore de même si par le fait d'une inondation des eaux de la mer, des herbages se trouvaient corrompus (1).

(b) *Perte partielle.* — On voit par les exemples qui précèdent que la perte totale se produira assez rarement. Le cas le plus pratique est celui où la perte est seulement partielle.

Ici encore il faut distinguer si la perte partielle peut être attribuée à la faute de l'une des parties ou si elle a eu pour cause un cas fortuit.

Dans le premier cas l'auteur de la faute encourrerait une condamnation en dommages-intérêts,

Dans le second cas l'art. 8 réglemente ainsi la perte : partielle « *S'ils ne sont détruits qu'en partie, le bailleur peut se refuser à faire les réparations et les dépenses nécessaires pour les remplacer ou les rétablir. Le bailleur et le preneur peuvent dans ce cas demander la résiliation. Si la résiliation est prononcée à la requête du bailleur, le juge appréciera l'indemnité qui peut être due au preneur conformément au deuxième paragraphe de l'art. 7 de la présente loi* ».

Si nous comparons cet article à l'art. 1722 du Code civil nous verrons qu'il y a une très grande ressemblance entre les rédactions. Toutefois il y a quelques

trainant la résiliation du bail, alors même que le preneur aurait pris à sa charge la destruction des récoltes par cas fortuits et imprévus. Trib. de Marseille, 29 août 1873 (§ 74. 2. 154) Aix 27 mai 1875 (§ 75. 2. 147).

Ce jugement et cet arrêt sont cités par Rérolle p. 420.

(1) Gauwain p. 458.

différences que nous allons signaler : L'art. 1722 donne au fermier le droit de demander à son choix ou la résiliation ou une diminution du prix du bail. D'après l'art. 8, le preneur ne peut demander que la résiliation. La diminution du bail ne peut avoir lieu puisque le métayage ne comporte pas de prix mais il se produira un résultat analogue puisque par le fait de la perte partielle la quote part du propriétaire se trouvera diminuée.

La différence entre les deux articles est donc sur ce point plus apparente que réelle.

Mais la loi de 1889 a innové en donnant au *bailleur* le droit de demander la résiliation tandis que d'après l'art. 1722 le *preneur seul* a ce droit.

Enfin la loi de 1889 a tranché une controverse soulevée par l'art. 1722 qui porte sur le point de savoir si le bailleur est tenu de faire les réparations et les dépenses nécessaires pour remplacer ou rétablir les objets détruits par cas fortuits. En matière de colonage partiaire, d'après la nouvelle loi le bailleur n'y est pas tenu : solution d'ailleurs conforme à la doctrine la plus généralement suivie en matière de louage. « Le rétablissement ou la réparation dit avec raison M. Clément pourraient en effet entraîner les propriétaires dans des frais disproportionnés avec l'interêt qu'ils peuvent avoir à la continuation du bail à colonat (1) ».

Examinons maintenant les circonstances dans lesquelles l'art. 8 a été voté ; nous y trouverons en même

(1) Rapport au Sénat, annexe au procès-verbal. Séance du 14 juin 1888.

temps que l'historique de cet article les motifs qui ont fait accorder au bailleur le droit de demander la résiliation, droit réservé au preneur seul par l'art. 1722.

Lors de la discussion de l'art. 3 au Sénat, M. Laborde avait fait remarquer que l'art. 3 qui oblige le bailleur à la garantie des objets compris au bail ne contenait aucune exception à cette règle même pour le cas de force majeure. Aussi s'inspirant de l'art. 1722 M. Laborde avait proposé d'ajouter à l'art. 3 cette disposition : « Si pendant la durée du bail, les objets qui y sont compris sont détruits en totalité par cas fortuit, le bail est résilié de plein droit, s'ils ne sont détruits qu'en partie, le bailleur peut se refuser à faire les réparations ou les dépenses pour les remplacer ou pour les rétablir ; le preneur et le *bailleur* peuvent dans ce cas, suivant les circonstances, demander la résiliation du bail sans qu'il y ait jamais lieu à aucun dédommagement ? »

Cet amendement avait été renvoyé à la Commission (1).

Comme on a pu le remarquer l'amendement de M. Laborde accordait au bailleur comme au preneur le droit de demander la résiliation dans le cas de perte partielle. A la séance du 15 juin 1880, M. Clément se leva contre cette innovation et proposa un nouvel amendement ayant pour but de priver le bailleur du droit de demander la résiliation du bail. Il n'est pas possible, disait M. Clément, que le colon qui peut-être avait fait des dépenses considérables fut mis à la porte sans dé-

(1) Sénat. Séance du 14 juin 1880. *Journ. off.* Déb. parlem. p. 6, 486.

dommagement.... Si l'on voulait donner au bailleur le droit de résilier, il fallait en même temps accorder une indemnité au colon.

L'observation de M. Clément était parfaitement juste et c'est sans doute le motif indiqué par lui qui a empêché les rédacteurs du Code civil d'accorder au bailleur dans l'art. 1722 le droit de demander la résiliation.

Aussi M. Laborde y donna satisfaction et retira la partie de son amendement dans laquelle il était dit que la résiliation du bail interviendrait sans qu'il y eut lieu d'accorder aucun dédommagement.

L'amendement de M. Laborde ainsi modifié a été adopté par le Sénat et est devenu la rédaction définitive de l'art. 8 dont la disposition finale décide que *si la résiliation est prononcée à la requête du bailleur le juge appréciera l'indemnité qui pourrait être due au preneur conformément au paragraphe 2 de l'art. 7 de la présente loi.* Or ce paragraphe décide que le colon a droit à une indemnité pour les impenses extraordinaires qu'il a faites jusqu'à concurrence du profit qu'il aurait pu en tirer pendant la durée de son bail.

L'innovation qui accorde au bailleur le droit de demander la résiliation a-t-elle un grand intérêt pratique ? Son intérêt eût été de premier ordre si le bailleur avait pu être obligé par le colon à faire des dépenses pour rétablir la chose en état. Dans ce cas, il eut été précieux pour le bailleur de pouvoir demander la résiliation et éviter ainsi de lourdes dépenses.

Mais cet intérêt disparait avec la rédaction de l'art. 8

qui décide formellement que le bailleur peut se refuser
à faire toute espèce de dépenses ou de réparations.

Nous ne voyons donc pas très bien quel motif pourra
pousser le bailleur à demander la résiliation en cas de
perte partielle si ce n'est l'intérêt qu'il peut avoir à changer de métayer ou à réunir un domaine diminué a un
autre domaine. Mais dans l'hypothèse d'une perte partielle si importante peut-on penser sérieusement que le
colon ne demandera pas lui-même la résiliation.

Quoiqu'il en soit, d'après la nouvelle loi, en cas de
perte partielle : *d'une part le bailleur peut se refuser à
remettre les choses en état ; d'autre part bailleur et
preneur peuvent demander la résiliation mais dans le cas
où elle est demandée par le bailleur, le juge peut allouer
une indemnité au preneur pour l'indemniser des dépenses qu'il a faites sur le domaine et dont il ne profitera pas. Telles sont en résumé les dispositions de notre
article.*

### 3° INEXÉCUTION DES OBLIGATIONS

Le contrat de métayage comme toute espèce de contrat
synallagmatique se trouve résolu quand l'une des deux
parties ne satisfait pas à ses engagements. L'art. 13
renvoie d'ailleurs à l'art. 1741 où il est dit expressément :
« Le contrat de louage se résout par le défaut respectif
« du bailleur et du preneur de remplir leurs engagements ».

Pour savoir quelles sont les obligations dont l'inexécution peut entraîner la résiliation du contrat il faut

donc s'en référer à l'usage local et aux dispositions de la loi de 1889 qui les détermine d'une façon générale et il faut aussi consulter les clauses particulières que peut contenir le contrat.

Quand le colon a été condamné à un emprisonnement assez long pour le mettre hors d'état d'exploiter la métairie il se trouve par la force des choses hors d'état d'exécuter son obligation. Aussi il a été décidé par un arrêt de Bordeaux 28 juin 1854 (1) qu'en pareil cas le contrat se trouverait résilié.

Enfin si le propriétaire et le métayer sont en désaccord complet et ne peuvent s'entendre sur la façon d'exploiter le domaine, on se trouve là en présence d'un état de choses qui rend pour ainsi dire impossible l'exploitation du domaine. C'est donc avec raison que la Cour de Grenoble dans un arrêt du 20 mars 1863 a jugé que la discorde entre le bailleur et le preneur pouvait être un motif de prononcer, contre celui par la faute duquel elle s'est établie, la dissolution du bail à métairie (2).

Dans tous ces cas il n'y a pas lieu d'appliquer la compétence extraordinaire du Juge de paix car on ne se trouve pas en matière d'articles du compte, c'est la compétence générale qu'il faut appliquer, la loi de 1889 le déclare formellement. Il en résulte que le Juge de paix ne sera compétent pour connaître de l'action en résiliation que dans le cas où le revenu de la métairie est

(1) S. 1855. 2. 12.
(2) S. 1863, 2. 108.

inférieur à 200 francs. Dans le cas contraire la contestation est du ressort du tribunal de 1^{re} instance.

On évaluera le revenu de la métairie en prenant pour base le principal de la contribution foncière de l'année courante multiplié par 5 (loi du 25 mai 1838, art. 3).

### 4° ALIÉNATION DE LA MÉTAIRIE

La vente de la métairie entraîne-t-elle la résiliation du bail en cours ?

La loi de 1889 applique en cette matière les règles qui régissent le louage en y apportant toutefois un certain nombre de dérogations énumérées dans l'art. 7.

Il faut donc distinguer entre 3 hypothèses.

1° *Le bail est authentique ou a date certaine* et ne contient d'ailleurs aucune disposition permettant à l'acquéreur d'expulser le métayer. Dans ce cas il faut décider avec l'art. 1743 que le contrat n'est pas résilié. Le métayer restera sur le domaine comme si la vente n'avait pas eu lieu.

La disposition de l'art. 1743 est parfaitement conforme aux intérêts de l'agriculture. Pour que le métayer cultive consciencieusement, et fasse des améliorations il importe qu'il ait une certaine sécurité et ne soit pas sans cesse menacé d'expulsion. Cette sécurité, il l'obtiendra en faisant un acte authentique ou un acte sous seing privé ayant date certaine.

Il l'obtiendra, cet acte ne contiendrait-il aucune disposition contraire au drroit d'expulsion ; le silence de la convention s'interprête ici en faveur du colon. C'est le contraire qui avait lieu en droit romain et dans l'ancien droit français où l'acquéreur pouvait expulser le colon à moins de clause contraire dans la vente.

*2° Le bail est authentique ou à date certaine, mais contient une disposition expresse permettant à l'acquéreur d'expulser le colon.* — Dans ce cas le bail est résilié par la vente. Le colon ne saurait se plaindre de ce résultat puisqu'il a formellement consenti à ce qu'il se produise.

Le colon pourrà donc être expulsé, mais à deux conditions :

1° L'acquéreur *devra donner congé* au colon suivant l'usage des lieux. C'est donc une dérogation à ce qui se passe dans le bail à ferme où d'après l'art. 1748 § 2 : « l'acquéreur doit avertir le fermier des biens ruraux « au moins un an d'avance. »

2° Le colon a droit à une *indemnité pour les dépenses extraordinaires qu'il a faites jusqu'à concurrence du profit qu'il aurait pu en tirer pendant la durée du bail* (art. 7 § 2). L'indemnité à fournir est à la charge du bailleur. Cette indemnité existe aussi dans le bail à ferme (art. 1744) mais sa quotité varie : l'indemnité que le bailleur doit payer au fermier est *du tiers du prix du bail pour tout le temps qui reste à courir* (art. 1746).

Voici d'ailleurs cemment M. Million a commenté la disposition de l'art. 7 § 2 :

« L'indemnité stipulée par notre article en cas d'im-

« penses faites par le colon. ne doit pas être réglée à
« forfait en suivant les règles de l'art. 1746 qui n'a été
« édicté que pour le cas de bail à ferme. Le colon n'est
« pas astreint aux mêmes avances que le fermier, ni
« soumis aux risques ; il n'y a entre le bailleur et lui
« aucun prix de bail fixé et par conséquent, le tiers du
« prix du bail ne répondrait à aucun chiffre. Ce n'est
« pas non plus le montant des dépenses extraordinaires
« qu'il a faites qu'on doit lui rembourser, mais seule-
« ment le profit qu'il aurait pu en tirer pendant ce qui
« lui restait de bail à courir. Il y a donc évidemment un
« compte à faire et ce compte doit être réglé de manière
« que le colon ou ses héritiers ne soient pas privés du
« bénéfice légitime qu'espérait le colon lorsqu'il a con-
« senti à faire des sacrifices extraordinaires. »

Ajoutons qu'il faut appliquer ici la disposition de
l'art. 1749 en vertu de laquelle les fermiers ne peuvent
être expulsés qu'ils ne soient payés par le bailleur ou
à son défaut. par le nouvel acquéreur, des dommages-
intérêts qui leur sont alloués.

3° *Le bail n'a pas date certaine.* — Dans ce cas le
métayer peut être expulsé. L'acquéreur devra seulement
lui donner congé suivant l'usage des lieux, mais ne sera
nullement garant, comme dans le cas précédent, de l'indemnité due par le bailleur.

Car nous admettrons, lors même que le bail n'a pas
date certaine, une indemnité au profit du colon. Il
pourra demander une indemnité au bailleur pour les
impenses extraordinaires qu'il a faites comme dans le

cas précédent, mais quand bien même le colon n'aurait pas fait de dépenses extraordinaires, il aura droit à des dommages-intérêts pour le dommage que lui cause la résiliation du bail avant l'expiration de la durée convenue. Le bailleur a, en effet, manqué à l'obligation qu'il avait contracté de faire jouir le colon pendant le temps déterminé dans le contrat et comme le dit M. Million : « le droit à indemnité existe toutes les fois que la rési-« liation est inopinée ou intempestive. »

Mais nous ferons de nouveau observer qu'à la différence du cas précédent, l'acquéreur n'est nullement garant de cette indemnité. C'est affaire entre le colon et le bailleur.

Pourquoi ces différences entre le bail qui a date certaine et celui qui ne l'a pas ?

Voici quel en est le motif: On a voulu éviter une fraude : la concession par le bailleur d'un bail antidaté au lendemain de la vente, fraude qui peut facilement s'opérer quand le bail n'a pas date certaine et qui au contraire devient impossible quand le bail a date certaine.

En terminant sur cette question, faisons remarquer que d'après l'art. 1751 auquel renvoie l'art. 7 : l'acquéreur a pacte de rachat ne peut user de la faculté d'expulser le preneur jusqu'à ce que par l'expiration du délai fixé pour le réméré, il devienne propriétaire incommutable.

### 5° EVICTION

Quel sera le sort du métayer si le bailleur est évincé ?

Nous pouvons supposer en effet que le bailleur héritier apparent ou possesseur de bonne ou de mauvaise foi ait fait un bail et que dans ces conditions il se trouve évincé par l'héritier véritable ou par le propriétaire.

Le bail subsistera-t-il en présence de cette éviction ? D'après l'opinion générale on répond en faisant une distinction.

Si le bailleur et le preneur ont été de bonne foi, le bail doit être respecté s'il n'excède pas les limites de ce qu'on est convenu d'appeler en matière de louage un acte d'administration c'est-à-dire si sa durée n'excède pas 9 ans car un possesseur de bonne foi est compétent pour faire des actes d'administration.

Si au contraire le possesseur évincé était de mauvaise foi le bail serait résolu mais le colon pourrait agir contre son bailleur en dommages et intérêts pour le préjudice qu'il éprouve.

### 6° MORT DU COLON

L'art. 6 de la loi de 1889 est ainsi conçu : « La mort du bailleur de la métairie ne résout pas le bail à colonat.

Le bail est résolu par la mort du preneur ; la jouissance des héritiers cesse à l'époque consacrée par l'usage des lieux pour l'expiration des baux annuels ».

Cet article tranche une controverse longtemps discutée sous l'empire de l'ancien droit et même sous le Code

Civil. Ceux qui voyaient dans le Colonage une Société devaient décider logiquement qu'il se trouvait résolu par la mort de l'un des associés : bailleur ou preneur. Au contraire pour ceux qui assimilaient le colonage au louage, il fallait décider avec le Président Favre (1) que la mort du preneur, pas plus que celle du bailleur, ne pouvait avoir d'influence sur le contrat et Guy Coquille partisan de cette opinion l'avait motivée dans ces termes « parce que, disait-il, le labourage et la culture du bétail ne sont choses d'industrie exquise et la fonction en est vulgaire et aisée (2) ».

La loi de 1889 a, selon nous, avec raison repoussé cette manière de voir consacrée depuis le Code Civil par un certain nombre d'arrêts (Lyon 3 janvier 1855. Paris 21 juin 1856) qui ont admis par application de l'art. 1742 que la mort du preneur pas plus que celle du bailleur ne pouvait résoudre le contrat.

La loi de 1889 considérant les rôles respectifs du bailleur et du preneur a conformé sa décision à la nature des choses. Dans le contrat de colonage la personne du métayer a une importance de premier ordre et la raison donnée par Guy Coquille est absolument inexacte. Aucun travail ne demande de plus grandes qualités que l'agriculture. Un métayer n'est pas un simple terrassier. Il a besoin non seulement d'une instruction professionnelle assez approfondie mais encore d'expérience et de pratique. Il lui faut pour diriger la métairie un en-

(1) Tome IV p. 585.
(2) Questions et réponses n° 205.

semble de qualités et physiques et morales. Caton qui
était expert en la matière l'avait bien compris et dans
le § qu'il consacre au villicus, il énumère une longue
série de devoirs qui supposent de grandes qualités (1).
En effet le travail du métayer n'est pas déterminé
comme celui de l'ouvrier dans sa quotité et dans sa durée. Il n'accomplit pas une tâche préalablement tracée
dans les moindres détails par un patron dont il ne serait que l'outil plus ou moins bon. Libre dans son travail, les soins qu'il donne à la culture sont abandonnés
en grande partie à son initiative et les profits du domaine dépendront du zèle dont il sera rempli.

La personnalité du colon ayant une si grande importance, il est naturel que le contrat soit rompu quand
e métayer disparaît. Il pourrait résulter pour le propriétaire un véritable préjudice si le colon venait à être
remplacé par un individu inhabile et indélicat.

En un mot, les raisons qui ont fait interdire au colon
de céder son bail entraînent aussi la résiliation du bail
quand il vient à mourir. La disposition de la loi de
1889 est donc parfaitement fondée.

Toutefois, il serait désastreux que tout soit rompu au
moment même de la mort du colon, les nécessités agricoles s'y opposent. Il faut que les travaux commencés
soient achevés, il faut que les héritiers du colon puissent recueillir les fruits de l'année en cours, aussi la
jouissance des héritiers du colon se poursuit-elle « jus-

_________

(1) Cato « de re' rustica § 5. Villici officia. »

« qu'à l'époque consacrée par l'usage des lieux pour
« l'expiration des baux annuels. » (art. 6. § 2 )(1).

Ajoutons qu'aux termes de l'art. 7. § 2,les héritiers du
colon ont droit à une indemnité pour les dépenses extraordinaires que celui-ci a faites. D'après M. Million,
cette indemnité ne consiste pas dans le remboursement
des dépenses extraordinaires faites par le colon mais
seulement dans une somme équivalente au profit qu'il
aurait pu en tirer pendant ce qui lui restait de bail à
courir.

Mort du Bailleur. — Quant à la mort du bailleur
l'art. 6 §1 décide formellement qu'elle ne résout pas le
bail à colonat. Cette décision est d'ailleurs conforme à
l'opinion la plus généralement adoptée par la jurisprudence avant la loi de 1889. Elle est aussi essentiellement
logique car la personne du propriétaire, sans être absolument indifférente au métayer, n'a pour lui qu'une
importance secondaire, aussi admet-on sans difficulté,
qu'à l'inverse du colon, il peut céder son bail sans que
le métayer ait rien à dire. Or s'il peut se substituer un
tiers durant sa vie il est naturel que sa mort n'ait pas
d'influence sur l'existence du contrat.

Malgré ces raisons certains auteurs (2) auraient pré-
féré voir le contrat rompre par la mort du bailleur
comme par celle du preneur. Il n'est pas indifférent,
disent-ils, pour le métayer d'avoir un propriétaire riche

_________

(1) Cette règle est applicable au cas où le bail est rompu par la
vente de la métairie.
(2) Bauduillart. Revue des deux mondes 1885.

et habile qui par une direction intelligente et des avances
. consenties augmente les profits à réaliser.

Cela est vrai sans doute mais en pratique il y a bien
peu de métayer qui préféreraient que le bail fût résolu
par la mort de leur bailleur. Ils regretteraient, dans cè
cas, beaucoup plus son domaine que sa personne. Et si
on les interroge ou sera persuadé que la continuation
du bail malgré la mort du bailleur est considérée par
eux comme un avantage et non comme un inconvénient.
Ils sont ainsi soustraits aux caprices des héritiers. En
établissant cette sorte d'égalité devant la mort on leur
rendrait donc un service d'ami maladroit.

### 7° Confusion

Le métayer devient propriétaire de la métairie. Dans
ces conditions la personne du bailleur et celle du preneur se trouvent confondues, le bail prend fin par la
force des choses.

### 8° Mutuel dissentiment

C'est la convention qui a donné naissance au
métayage, il est donc naturel d'admettre qu'une autre
convention intervenue entre les mêmes parties puisse y
mettre fin.

**Appendice. — Du cas où un troupeau a été joint à la métairie**

Il est curieux que le Code qui n'a consacré que deux articles au métayage lui-même en ait consacré quatre au cheptel donné au colon partiaire. Ce sont les art. 1827, 1828. 1829 et 1830.

Ces articles forment le second paragraphe d'une section qui s'occupe dans un § 1ᵉʳ du cheptel donné au fermier que l'on appelle aussi cheptel de fer parce qu'à l'expiration du bail le fermier doit laisser des bestiaux d'une valeur égale au prix de l'estimation de ceux qu'il a reçus à son entrée.

Trois différences principales séparent le cheptel du fermier et celui du métayer.

1° En l'absence de convention contraire, tous les profits, sauf le fumier qui doit être employé sur l'exploitation appartiennent au fermier.

Au contraire dans le métayage les profits se partagent.

Le fermier aura donc exclusivement les profits qui résulteront de la vente des animaux, de la tonte des bestiaux, du laitage.

Au contraire, le métayer, sauf pour les laitages, que la loi semble lui accorder en l'absence de convention contraire (art. 1804-1811 et 1830 combinés) devra partager tous les profits qui peuvent résulter de ces différents objets.

2° Autre différence. Dans le cheptel de fer la perte

par cas fortuit est pour le fermier toujours tenu de restituer au bailleur un troupeau d'une valeur égale à celui qu'il a reçu.

Au contraire quand il s'agit du cheptel du colon partiaire il faut distinguer le cas de perte totale et le cas
de perte partielle. Dans le premier cas la perte est-supportée par le bailleur, et le métayer n'est tenu dans ce
cas que de rendre les peaux des bêtes. Dans le second
cas (celui de perte partielle) le métayer supporte la perte
en commun (art. 1830 et 1810). Il est bien entendu que
dans tous ces cas nous avons supposé une perte arrivée
sans la faute du colon.

3° Dans le cheptel de fer toutes les conventions sont
permises ; au contraire la loi interdit dans le cheptel
donné au métayer certaines stipulations dont l'exécution lui paraît dangereuse pour le métayer.

C'est ainsi que si la loi admet qu'on peut stipuler que
le colon délaissera au bailleur sa part de la toison à un
prix inférieur à la valeur ordinaire ; que le bailleur aura
une plus grande part du profit; qu'il aura la moitié des
laitages, elle interdit *de convenir que le colon sera tenu
de toute la perte* (art. 1828).

Les rédacteurs du Code dit M. Gauwain ont considéré qu'une pareille clause pourrait être ruineuse pour
le métayer, qu'il l'accepterait d'autant plus facilement
qu'elle se réfère à une éventualité incertaine et lointaine ; et pour qu'il ne fût pas tenté d'y souscrire, ils
l'ont interdite. »

Mais l'art. 1028 nous a montré qu'en dehors de cette

restriction une grande liberté était laissée aux parties qui peuvent admettre de nombreuses combinaisons dans la façon de régler leurs rapports. La plupart du temps ces derniers sont déterminés pas l'usage local, les parties ne prenant pas le soin de s'en expliquer dans leurs baux.

Dans la Haute-Vienne à l'entrée du colon dans la métairie le propriétaire lui remet un fond de cheptel composé d'animaux de la race bovine, de charrettes, porcs juments poulinières et d'un troupeau de bêtes à laine.

Ce cheptel est estimé par 2 experts qui sont désignés l'un par le colon sortant l'autre par le colon entrant. En cas de désaccord des intéressés les parties conviennent d'un tiers espert pour vider le différend. Lorsqu'elles ne peuvent s'accorder sur le choix de ce tiers, ce qui arrive presque toujours, le juge de paix le nomme d'office.

A la sortie du colon la même opération se répète de la même façon.

Cette double estimation permet au propriétaire et au colon sortant de régler l'augmentation ou la diminution de valeur du cheptel. Dans les deux cas le croît ou le décroît est partagé par moitié entre eux. En d'autres termes si le cheptel vaut par exemple 1000 francs de plus à la sortie qu'à l'entrée du colon le propriétaire lui devra la moitié de cette plus-value soit 500 francs et inversement en cas de diminution de valeur.

Le colon entrant a donc toujours avantage à ce que le cheptel soit estimé le plus bas possible.

L'estimation du cheptel se présente sous deux

aspects. Elle peut avoir lieu *valeur sons barge* ou *valeur en foire.* La première manière donne lieu à une estimation généralement supérieure. Quelle est donc en l'absence de convention le mode d'estimation que devront pratiquer les experts ?

Un arrêt de la cour de Limoges du 23 mai 1851 répond ainsi à cette question : « Des usages locaux suivis dans le département de la Haute-Vienne, on peut faire résulter la présomption qu'à l'entrée ou à la sortie du fermier d'un domaine, les cheptels auront été estimés *valeur sous barge* et non *valeur en foire* ; c'est-à-dire qu'à moins de convention contraire, les experts appelés à faire l'estimation des cheptels à l'entrée ou à la sortie du fermier ou du colon partiaire, leur donnent généralement une valeur supérieure au cours commundes foires, en se basant sur la quantité de fourrages approvisionnée pour la nourriture des bestiaux, quelle que soit d'ailleurs l'époque de l'année en laquelle l'estimation a lieu ».

## CHAPITRE V

Privilège du bailleur. — Nous sommes au courant
maintenant des droits et des obligations des parties.

Il ne nous reste plus qu'à étudier le privilège qui garantit les droits du propriétaire.

Le privilège du bailleur porte à la fois sur les meubles qui garnissent la ferme et sur les fruits de la récolte de l'année. Quand il porte sur les meubles il a
pour cause une constitution tacite de gage. Quand il
porte sur les fruits il est fondé sur ce que ces fruits
provenant de la chose appartenant au bailleur celui-ci
est censé n'avoir consenti à ce qu'ils entrassent dans
le patrimoine du preneur que déduction faite d'un droit
réel retenu sur ces fruits et garantissant le paiement du
fermage.

Or ces raisons qui expliquent le privilège dans le
bail à ferme, nous les retrouvons dans le bail à métairie. Là aussi le métayer peut-être considéré comme
ayant donné en gage au propriétaire dont il habite la
maison les meubles qui la garnissent, là aussi le propriétaire peut être présumé n'avoir autorisé le métayer
à s'approprier la moitié de la récolte que déduction

faite d'un privilège sur les fruits du domaine qui a pour but de garantir le paiement de ce qui lui est dû (1).

Cependant sous le Code civil parmi les auteurs accordant le privilège du bailleur au propriétaire de métairie, les seuls qui fussent conséquents avec leurs principes étaient ceux qui voyaient dans le colonage un véritable contrat de louage car le Code Civil n'accorde de privilège que dans le cas de « Louage ».

Néanmoins les nécessités de la pratique entraînèrent beaucoup d'auteurs à accorder en dépit des principes, le privilège de l'art. 2102 au bailleur à métairie, bien qu'ils refusassent de voir dans notre contrat un louage véritable.

Nous citerons parmi ces auteurs Méplains qui voyait cependant dans le métayage un contrat de société (2). Nous citerons encore un arrêt de la Cour de Limoges qui après avoir fait du bail à métairie un contrat innommé, n'hésite pas à accorder le privilège (Limoges, arrêt du 26 août 1848 ; Sirey, 1849, 2,321) (3). M. Devilleneuve

(1) Malgré tous ces motifs d'accorder au bailleur à métairie le privilège du bailleur à ferme ; il manquait jusqu'à la loi de 1889 un texte sur lequel on put baser juridiquement cette assimilation.

(2) Méplain nº 328.

(3) Attendu, dit la Cour, que le bail à colonage est un contrat innommé, un acte mixte qui participe au bail à ferme et du contrat de société mais que dans l'un ou l'autre cas il est évident que lorsque le bailleur propriétaire a fait des avances ou fournitures au preneur colon pendant l'exploitation, et pour entretenir l'exploitation, le privilège accordé par l'art 2102 sur les fruits de la récolte de l'anéen est applicable au bail partiaire commun au bail à ferme..

s'exprime ainsi dans une note qu'il a consacrée à cet arrêt : « Quant à nous, nous ne nous expliquons pas, nous l'avouerons, comment les auteurs qui soutiennent que le colonage n'est pas un bail, ne font ensuite difficulté d'accorder en conséquence de ce contrat le privilège de l'art. 2102. Si le colonage partiaire n'est pas un bail, où se trouve alors le principe de ce privilège que la loi n'accorde certainement pas pour l'exécution des sociétés ».

Le critique de M. Devilleneuve est fort juste toutefois l'inconséquence qu'il reproche trouvait, dans une certaine mesure, sa justification dans la loi du 25 mai 1838 art. 2 qui en s'occupant de la compétence du juge qui doit connaître de la demande en validité de la saisie-gagerie pratiquée au préjudice du colon partiaire par le propriétaire a par cela même indirectement admis l'existence du privilège de ce dernier.

Mais avant 1838 la critique en question aurait été parfaitement justifiée.

D'ailleurs la loi de 1838 elle-même ne reconnaissait que tout-à-fait indirectement l'existence du privilège de l'art. 2102 au profit du bailleur à métairie, elle laissait donc place à un progrès qu'à accompli la loi de 1889 qui dans l'art. 10 a déclaré formellement applicable au métayage le privilège de l'art. 2102.

Après en avoir montré l'opportunité, il ne nous reste plus qu'à étudier l'art. 10 dans son application. Il est ainsi conçu :

« Le bailleur exerce le privilège de l'art. 2102 du Code

11

Civil sur les meubles, effets, bestiaux et portions de récoltes appartenant au colon pour le payement du reliquat de compte à rendre par celui-ci. »

### § 1. — Quelles sont les créançes privilégiées ?

L'art. 10 pour déterminer les créances garanties par le privilège se sert d'une expression très large « le reliquat du compte » ce qui implique toutes les créances que le propriétaire peut avoir contre le métayer.

Or, le propriétaire peut-être créancier du métayer : 1º à raison de la part de récolte qui doit lui revenir.

Si cette part existe en nature le propriétaire a sur elle un véritable droit de propriété. Il n'a donc pas besoin d'un privilège. Mais si elle a été consommée, détournée ou vendue elle sera remplacée au profit du bailleur par une créance se montant à la valeur que cette part avait en argent. C'est cette créance que le privilège garantit.

Cette interprétation résulte d'un arrêt de la Cour de Paris du 5 mars 1872 (Sirey 1873. 2. 13), qui a admis comme privilégiée une créance de 2.798 francs, valeur attribuée par une sentence arbitrale rendue à Joigny à la moitié des fruits qui revenait au propriétaire.

On peut supposer aussi que le bailleur sur la demande du colon lui a abandonné la partie de récolte représentant la part du propriétaire à charge par le colon de lui en verser la valeur en argent.

2º Le reliquat du compte comprend, en outre de la prestation principale, les prestations accessoires pécuniaires ou autres telles que la prestation colonique, et les différentes redevances qui ont été stipulées dans le bail.

3° Le privilège garantit, en troisième lieu, toutes les avances faites par le propriétaire au métayer en exécution d'une clause de bail.

4° Quant aux avances faites, en dehors de la convention, pour permettre au métayer de continuer la culture, il y avait controverse avant la loi de 1889. Certains auteurs refusaient ce privilège pour ce cas en disant qu'il n'y avait pas de privilège sans texte. Or la loi n'accorde de privilège que pour ce qui concerne l'exécution du bail. Donc il est impossible de déclarer privilégiées des créances qui ne résultent pas du contrat de bail.

En sens contraire, on faisait valoir l'intérêt de l'agriculture et cette seconde opinion qui s'appuyait en outre vu l'autorité de Pothier (1) avait pour elle la jurisprudence (Limoges, 26 août 1848) Paris, 26 décembre 1871 et 5 mars 1872 (Sirey, 1873, 2-13) Alger, 25 juin 1878 (Sirey 1878 2-327).

Mais cette seconde opinion était plutôt basée, sur des considération d'intérêt pratique que sur des arguments juridiques.

Le champ restait ouvert à la controverse.

La loi de 1889 a eu le mérite de le fermer en accordant le privilège *pour le paiement du reliquat du compte,* termes généraux qui comprennent évidemment les créances ne résultant pas des conventions du bail.

Pour être garantie par le privilège il suffit donc que

(1) Pothier contrat de louage n° 254

la créance puisse figurer soit au compte annuel, soit au
compte définitif. Toutes les avances que le propriétaire
a fait à son métayer, tous les prêts qu'il lui a consentis volontairement, pour lui rendre un service auquel la
loi du contrat ne l'obligeait nullement toutes ces créances qui ne résultent pas de la convention seront garanties par le privilège de l'art. 2102 par celà seul qu'elles
figurent aux articles du compte qui intervient entre le
maître et son métayer.

Non seulement cette interprétation résulte des termes
mêmes de l'art. 10, mais le commentaire ce M. Clément
ne laisse aucun doute sur l'intention du législateur qui
a voulu favoriser l'agriculture en étendant à un grand
nombre de créances la garantie du privilège. Voici d'ailleurs le passage en question : « Certains auteurs, dit
M. Clément, ont prétendu que dans le louage ordinaire,
le bailleur n'a de privilèges que pour les avances faites
au fermier en vertu des clauses du bail, et qu'il reste
pour les autres sommes par lui avancées un prêteur
ordinaire. Nous n'avons pas à nous expliquer sur la
question en ce qui concerne le louage ordinaire ; mais
nous croyons que la difficulté ne se présente pas quand
il s'agit de colonage partiaire. Les besoins de l'exploitation exigent qu'un compte reste perpétuellement ouvert entre les parties. Si l'année a été mauvaise, le
métayer manque de blés pour sa nourriture, s'il faut
acheter des semences, des engrais, des instruments
agricoles, le bailleur fait habituellement les avances nécessaires, l'intérêt des parties, l'intérêt de l'agriculture

exigent qu'il puisse le faire avec sécurité et il est impossible de méconnaître les avances faites dans ces conditions concernant l'exécution du bail selon les termes mêmes de l'art. 2102 C. C. (1). »

Ainsi la loi de 1889 a voulu encourager le propriétaire à se faire le banquier de son métayer, résultat désirable s'il en fût et qui réalise la meilleure forme de crédit agricole.

### § 2. — Sur quoi porte le privilège

Après avoir examiné quelles créances sont garanties par le privilège nous allons étudier maintenant sur quelles choses le privilège peut s'exercer, l'art. 10 et contient l'énumération :

1° IL PORTE SUR LES MEUBLES, EFFETS, BESTIAUX APPARTENANT AU COLON ET QUI GARNISSENT LA MÉTAIRIE.

Ainsi donc tous les meubles introduits dans la maison sans que le propriétaire est en connaissance qu'ils n'appartenaient au colon font l'objet du privilège. Si le propriétaire des meubles veut éviter ce résultat, il doit donc avertir le propriétaire de la métairie que ces meubles n'appartiennent pas au locataire, autrement il y a une présomption en faveur du propriétaire tendant à établir que ces meubles lui ont été donnés en gage et cette présomption ne peut être détruite par la preuve contraire. Une notification ultérieure serait même inutile. Ainsi il

(1) C'est d'ailleurs en ce sens que la Cour de Limoges s'est prononcée plusieurs fois et notamment le 26 août 1848. Dalloz, 49-2 173.

a été décidé que le privilège du bailleur s'étend même aux meubles appartenant à l'épouse du preneur lorsque celle-ci n'a pas donné connaissance au bailleur du droit qu'elle avait à la propriété de ces meubles (1).

C'est au juge du fond qu'il appartient de constater souverainement que la notification adressée au propriétaire a, ou n'a pas été faite en temps utile (Cass. 3 janv. 1883. S. 83. 1. 360).

Quid si le métayer pour soustraire au privilège les meubles garnissant la métairie venait à les transporter chez un tiers ? Dans ce cas, le propriétaire pourrait les revendiquer pendant un délai de 40 jours à partir du déplacement.

Si nous supposons que le tiers chez lequel les objets mobiliers ont été transportés n'est pas un simple détenteur mais un acheteur, le bailleur, en exerçant son droit de revendication, n'aura pourtant aucune indemnité à verser à l'acheteur sauf si les objets ont été achetés dans une foire, un marché ou une vente publique. Alors le revendiquant doit en rembourser le prix (2).

Quant au délai de 40 jours, il ne court qu'à dater du jour où le propriétaire a eu connaissance du déplacement lorsque le preneur et le tiers possesseur ont employé des moyens frauduleux pour lui cacher l'enlèvement des meubles (3).

(1) Grenoble, 4 août 1832, S. 33. 2. 74.

(2) Cette opinion qui n'était pas unanimement admise autrefois a été consacrée par la loi du 11 juillet 1892 qui a ajouté un § à l'art. 2280 C. C.

(3) Charles Leroy : Colonage partiaire p. 70 ; Duranton tome 19. nº 100 ; Aubry et Rau, tome III § 261 note 44.

2⁰ Non seulement le privilège porte sur les objets mobiliers garnissant la métairie, mais il porte encore sur la part au colon dans les produits de la récolte de l'année.

La portion de récolte, comme les meubles tant qu'ils n'ont pas été déplacés, sont le gage du propriétaire et le métayer dès lors, ne peut en disposer valablement, tant que la créance du maître n'est pas payée. Par conséquent le métayer ne peut porter atteinte au droit du maître en vendant sa propre part de récolte qui se trouve dans le domaine.

De ce principe il résulte que les fruits des années précédentes s'ils se trouvent sur la métairie sont comme les fruits de l'année affectés au privilège du bailleur comme garnissant les lieux loués. C'est donc au bailleur a empêcher leur sortie du domaine ; dès qu'il est créancier du métayer il en a le droit car ils sont le gage de cette créance.

Quid si les fruits de l'année ou des années précédentes ont été vendus ?

S'il se trouvent encore sur le fond le privilège peut s'exercer sur eux malgré la vente dont ils ont été l'objet ? Cela résulte d'un jugement de la Cour de Limoges du 26 août 1848 qui n'a fait que confirmer les vrais principes car le droit du propriétaire serait évidemment illusoire s'il appartenait au colon de l'annihiler au moyen d'une vente à laquelle il ne manquerait jamais de recourir pour faire perdre au bailleur les avances que celui-ci lui aurait faites.

Mais supposons maintenant que les fruits vendus, au lieu d'être demeurés sur le domaine, aient été livrés, que faudrait-il décider ?

Alors le privilège ne pourra plus s'exercer. Lisons l'art. 2102 que dit-il ? les créances privilégiées sur certains meubles sont : 1° les loyers et fermages des immeubles sur les fruits de la récolte de l'année et sur le prix de tout ce qui garnit la maison louée.

Ainsi donc la loi fait ici une différence entre les effets mobiliers garnissant la ferme et entre les récoltes. Quant aux premiers le privilège peut s'exercer sur le prix qui provient de leur vente ; quant aux récoltes le privilège ne peut s'exercer que sur elles-mêmes en tant qu'elles existent en nature. Il n'y a plus de récoltes quand elles sont dénaturées par une vente, il n'y a donc plus de matière du privilège.

Citons un arrêt du 30 décembre 1823 (rapporté par Sirey, tome 29, 2ᵉ partie page 49) qui confirme ce principe : Des terres sans bâtiments avaient été louées à un fermier, qui d'un autre côté tenait à ferme un domaine comprenant des bâtiments. Les récoltes de ces terres ayant été portées dans ces bâtiments, il a été jugé que le propriétaire des terres avait par celà seul, perdu son privilège sur ces récoltes, quoique non dénaturées et que les mêmes récoltes étaient affectées au privilège du propriétaire des bâtiments.

En résumé, il estessentiel pour que la saisie s'exerce :

1° Que les fruits existent en nature « attendu que le privilège accordé par l'art. 2102 au propriétaire pour loyers et fermages sur les fruits des immeubles, ne peut s'exercer que sur les fruits en la possession du fermier et encore en nature... attendu que si l'art. 603 rappelle le privilège du propriétaire sur le prix des fruits vendus, ce n'est qu'autant qu'il a exercé son privilège avant la vente, ou la revendication dans le terme légal. »

Arrêt de Lyon, 24 février 1836. Sirey 1836. 2. p. 45.

2° Que les fruits soient dans les bâtiments ou sur les terres. L'art. 819 du code de procédure dit, en effet :

« Les propriétaires et principaux locataires des maisons ou bien ruraux, soit qu'il y ait bail, soit qu'il n'y en ait pas, peuvent un jour après le commandement, et sans permission du juge, faire *saisir-gager*, pour loyers et fermages échus, les effets et *fruits étant dans les dites maisons ou bâtiments ruraux, et sur les terres.*

Toutefois, d'après une opinion accréditée auprès d'un grand nombre d'auteurs, on fait une distinction entre les fruits de l'année et ceux des années précédentes, et l'on décide que le privilège peut s'exercer sur les premiers en quelque lieu que le cultivateur les ait placés. Pourvu qu'ils soient en la possession du fermier ou du métayer, ils peuvent faire l'objet du privilège, et il n'est pas nécessaire qu'ils garnissent la métairie.

Cette opinion est fondée sur ce qu'il est toujours facile de reconnaître les fruits de l'année. Elle est comme on le voit favorable au bailleur tout en laissant à sa charge la preuve de la possession du fermier.

### § 3. — Rang du privilège

Le droit que l'art. 2102 reconnait au bailleur peut se trouver en conflit avec d'autres droits rivaux. Nous allons examiner quel est le rang que la loi accorde à ces différents droits dans sa protection.

Plusieurs créanciers en dehors du bailleur peuvent avoir des prétentions sur les fruits et les objets mobiliers du domaine. Ce sont ceux qui ont fourni les semences et également tous ceux qui ont fourni des engrais ou des ustensiles aratoires et ont ainsi contribué indirectement à produire la récolte; enfin les serviteurs du fermier et ceux qui ont fait des fournitures pour la nourriture ou l'entretien du fermier de ses gens et de ses bestiaux. Tous ceux là ont des droits plus ou moins fondés, car tous ceux là, encore une fois, ont plus ou moins contribué à la production des choses sur lesquelles ils demandent à exercer un privilège.

Examinons donc quel rang la loi leur accorde et comment elle justifie leurs prétentions.

En premier lieu, la loi donne la préférence à ceux qui ont fourni les *semences* ou contribué à la *récolte*. La loi les préfère au bailleur lui-même. L'art. 2102 le dit formellement dans son § 1er « *Néanmoins, dit-il, les sommes dues pour les semences ou pour les frais de la récolte de l'année, sont payées sur le prix de la récolte.* »

Ces expressions ont besoin d'être précisées. Examinons d'abord ce qu'il faut entendre par *frais de récolte.*

La Cour de Douai dans un arrêt du 21 janvier 1865 (1),
décide que les frais de récolte de l'année, que le § 1er de
l'art. 2102 déclare privilégiés sur le prix de la récolte
par préférence au propriétaire lui-même, ne doit s'entendre que des frais de *moisson*.

Mais on fait remarquer dans Sirey, avec raison,
qu'il ne faudrait pas donner au mot moisson employé
par la Cour de Douai un sens restrictif. La moisson c'est
la récolte des grains comme la vendange est la récolte
du raisin, la cueillette celle des pommes et des olives,
la fenaison celle du foin, etc. Or, récolter, c'est recueillir. Si donc il est vrai de dire que le mot récolte ne
saurait comprendre la culture proprement dite, il est
également vrai que ce mot dans son acception naturelle
ne s'applique pas uniquement à l'opération qui consiste
à détacher du sol les fruits qu'il a produits, mais encore
à celles d'enmagasinage et nous serions même tentés de
dire à toutes celles auxquelles l'agriculteur est obligé de
se livrer pour les mettre en état d'être vendus. Toutes
en effet concourent à donner à la chose récolté sa valeur vénale, toutes par conséquant ont au même titre
droit au privilège. »

De cette interprétation, il résulte que l'ouvrier qui a
coupé les épis, celui qui les a mis en gerbes ou celui
qui les a engrangés ou en a fait des meules ne sont pas
seuls protégés par le § 1er de l'art. 2102 qui s'étend aussi
aux ouvriers qui ont battu le grain, l'ont vanné criblé et
serré dans les greniers.

(1) Sirey 1865. 2. p. 237.

Et en effet tous ces ouvriers n'ont ils pas contribué également à la conservation de la chose (1) ?

Certains auteurs trouvent cette interprétation de l'expression *frais de récolte* trop étroite. D'après eux elle ne viserait pas seulement les frais de la récolte proprement dits mais aussi tous les *frais faits en vue de cette récolte* parce que disent ces auteurs il est évident que les frais faits pour améliorer le sol ont nécessairement dû augmenter le gage des créanciers.

Nous ne partageons pas cette opinion. Les privilèges étant de droit étroit on ne peut les étendre en dehors des cas spécialement prévus par la loi et l'interprétation de cette dernière doit être dans un pareil sujet essentiellement restrictive.

Ce qui prouve qu'en notre matière la loi a voulu préciser, c'est qu'après avoir parlé des frais de récolte elle parle des frais *de semences*. Si l'expression frais de récolte avait eu un sens aussi général qu'on veut bien le soutenir, cette disposition relative aux semences eût été tout au moins superflue, pour ne pas dire inutile. Les frais de semences eussent été compris dans les frais de récolte car on ne récolte, suivant un aphorisme vulgaire, que ce que l'on a semé.

Nous en tirerons cette conséquence adoptée par la Cour d'Amiens dans un arrêt du 2 mai 1863 que le

---

(1) La Cour de Bordeaux à même été jusqu'à décider que le privilège ne se bornait pas aux frais de vendanges proprement dits, mais qu'il s'appliquait au prix de barriques fournies pour loger la récolte. V. Sirey, 1832 2. 158.

privilège accordé par l'art 2102 aux sommes dues pour les semences et frais de récolte de l'année, sur le prix de cette récolte par préférence au propriétaire, ne s'étend pas aux fournitures d'engrais (1).

D'autres personnes encore ont contribué dans une certaine mesure à produire, la récolte ce sont celles qui ont fourni des instruments aratoires. Quant à celles-ci, l'art. 2102 fixe leur sort d'une façon précise mais non pas pour leur accorder un privilège sur la récolte, mais seulement sur le prix des instruments qu'ils ont fournis.

Ainsi donc toutes les créances : pour frais de récolte (2) (stricto sensu) pour founitures de semences (3) seront préférés à celle du propriétaire et le privilège qui les garantira primera celui du bailleur sur le prix de la ré-colte ; de même le privilège des fournisseurs d'instruments aratoires primera le privilège du bailleur sur le prix de ces instruments.

Mais le privilège du propriétaire sur les fruits pour les loyers et fermages, n'est primé ni par les fournitures faites pour la nourriture et l'entretien du métayer de

_______________

(1) Sirey, 1863, 2, 122.

(2) Il ne s'agit d'après les termes mêmes de l'art. 2102 que de la récolte de l'année.

(3) Le créancier auquel les semences sont dues ne peut d'ailleurs réclamer le privilège qu'à la condition de prouver que ces semences ont été employées sur les terres d'où provient la récolte. Douai 21 janvier 1835.

ses gens et de ces bestiaux ni par les salaires des gens de service (1).

### § 4. — Moyen d'assurer l'exécution du privilège

Comment au point de vue pratique le propriétaire va-t-il tirer parti de la protection que la loi lui accorde ? C'est ce qui nous reste à examiner maintenant.

S'il est muni d'un titre exécutoire le propriétaire peut assurer l'éxécution de son privilège en faisant pratiquer une *srisie-exécution* au moyen de la quelle il fera mettre les meubles de son débiteur sous main de justice et les fera vendre pour être payé sur le prix.

Mais quid si le bail ne résulte pas d'un acte authentique, s'il résulte d'un acte qui n'est pas revêtu de la formule exécutoire ?

Dans ce cas le propriétaire devra attendre pour saisir-exécuter qu'un jugement ait condamné son débiteur.

Mais pour protéger le bailleur contre une fraude qui consisterait de la part du métayer à faire disparaître les meubles durant le cours de l'instance la loi accorde dans ce cas au propriétaire le droit de *saisir-gager* les meubles du métayer, c'est-à-dire d'empêcher ce dernier de les détourner en mettant les biens en question sous main de justice.

(1) Douai 21 janvier 1865.
La cour de cassation s'est d'ailleurs prononcée dans le même sens sur ses deux points.
Cassat. 20 mars 1849 (subsistances) et cassat. 19 janvier 1864 (salaires) S. 1850. 1. 106 S. 1864. 1. 60.

Pour que la saisie-gagerie soit efficace dans ses effets, il faut évidemment qu'elle ne tarde pas à s'opérer, qu'il y ait dans son exécution une célérité suffisante pour pouvoir prévenir la fraude du débiteur. C'est pour ce motif que la loi décide qu'elle peut être pratiquée dès le lendemain même de la sommation qui a été faite au colon d'avoir à payer ce dont il est redevable. Bien plus, elle peut avoir lieu sans avertissement préalable à la suite d'une ordonnance rendue sur requête par le Président du Tribunal de première Instance, si le revenu de la métairie est supérieure à 200 fr., par le juge de paix s'il est inférieur à cette somme. Et nous savons qu'on obtient le montant de ce revenu en multipliant par 5 le principal de la contribution foncière de l'année courante.

La loi de 1889 en renvoyant à l'art. 2102 accorde un privilège au propriétaire mais elle n'en accorde pas au métayer. Est-ce une bonne solution ? La loi a-t-elle eu raison d'assimiler ainsi complètement le métayage au fermage en ce qui concerne le privilège ?

Nous ne le croyons pas, car ici l'assimilation est contraire à la réalité des faits. Nous nous expliquons : Si dans le fermage il n'est pas conforme à la nature des choses que le fermier soit créancier du propriétaire et si, pour cette raison, il n'y avait pas lieu de lui accorder un privilège, il n'en est pas de même dans le métayage où au contraire nous voyons souvent le métayer créancier de son propriétaire. Le maître qui dépense et reçoit dans l'intérêt commun peut en effet se trouver débiteur du reliquat du compte.

La solution de la loi de 1889 est d'autant plus choquante que dans son article 5 elle reconnaît en fait au
bailleur le droit de faire les achats et les ventes de bestiaux, créant ainsi à l'égard du métayer une source de
créances qu'elle ne protège pas. N'y a-t-il pas une injustice criante à protéger la créance du propriétaire jusque
sur le prix des meubles personnels du colon et à laisser
ce dernier sans garantie contre un maître peut-être ruiné
dans des spéculations étrangères à la métairie?

Les droits du colon qui sont basés sur son travail ne
sont-ils pas aussi sacrés que les droits d'un propriétaire !

## PRESCRIPTION

Les loyers et fermages se prescrivent par ciuq ans
d'après l'art. 2277. Cette prescription ne pouvait, avant
la loi de 1889, être étendue au colonage partiaire que
par ceux qui l'assimilaient à un bail à ferme. Pour les
autres la seule prescription applicable en matière de bail
à portion de fruits était la prescription de 30 ans.

La loi de 1889 dans son art. 12 fait cesser cet injuste
résultat. « Toute action résultant du bail à colonage se
« prescrit désormais par 5 ans à partir de la sortie du
colon. » Ainsi donc toutes les actions qui peuvent naître
de notre contrat soit à la suite d'un compte annuel, soit
à la suite d'un compte définitif, se prescrivent par 5 ans
et le point de départ de cette prescription, alors même

qu'il s'agit d'un *compte annuel,* est toujours l'époque
de la sortie du colon. Notre loi comme le dit M. Clément
dans son rapport au Sénat n'établit donc pas comme
l'art. 2277 une prescription spéciale pour chaque an_
nuité : c'est à partir de la sortie du colon que la prescription qu'elle crée commence à courir (1). »

Il y a une autre différence entre la prescription de
l'art. 12 et celle de l'art. 2277. En vertu de ce dernier
article, la prescription de 5 ans ne s'applique qu'à la
dette annuelle des loyers et fermages. Les autres dettes
restent soumises à la prescription de trente ans.

Au contraire, d'après la loi de 1889, toutes les dettes
qui peuvent naître du contrat de métayage bénéficient
de cette prescription de 5 ans.

« Cette courte prescription comme le fait remarquer
M. Clément aura pour effet de hâter après la sortie du
colon l'apurement du compte qui ne peut pas être différé
sans de graves inconvénients (2) ».

(1) Rapport au Sénat déposé à la séance du 7 mai 1880.
(2) Ibidem.

## CHAPITRE VI



Maintenant que nous connaissons le colonage partiaire demandons-nous quel a été son rôle dans le passé et voyons s'il peut compter sur un avenir assuré. Ce sera notre conclusion.

Le colonage partiaire est un contrat très ancien (1). On comprend en effet facilement qu'un système qui ne suppose pas l'intervention de l'argent ait du se trouver pratiqué dans les sociétés peu avancées.

Toutefois le colonage partiaire n'était pas le seul mode d'amodiation employé à ces époques reculées. Souvent

(1) « On a attribué au colonage partiaire des origines diverses. Il est cependant difficile de dire qu'il ait été le trait caractéristique d'une race. Il semble plutôt qu'il date dans chacune des régions où il se rencontre des origines mêmes de la location des biens ruraux et que son apparition comme son développement s'explique partout par des raisons d'ordre économique. Les sociétés anciennes l'ont pratiqué aussi bien que les modernes. On en a relevé des traces dans les vieilles civilisations de l'Inde et de l'Egypte; il fut connu des Grecs et des Hébreux. Massigli ». G<sup>de</sup> Encyclopédie Tome XI au mot *Colonage Partiaire*.

la terre était abandonnée au cultivateur moyennant une redevance en nature comme dans le colonage mais dont la quotité était fixe au lieu de consister dans une part de récolte nécessairement variable suivant les années.

Ce second système qui n'est autre que le fermage semble même avoir été plus répandu à l'origine que le colonage partiaire. C'est ainsi que dans le polyptique de l'abbaye de Saint-Germain-des-Près (9ᵐᵉ siècle) l'un des plus anciens documents que nous ayons sur le métayage en France, nous voyons que sur 1646 domaines que comprenait cette riche abbaye 10 seulement se trouvaient exploités par des colons partiaires (1).

Les autres exploitations ne sont pas cultivées ad medictatem, mais moyennant une redevance consistant dans les choses les plus variées : une somme d'argent, une ou plusieurs journées de travail (manoperas) des charrois (carroperas) du lait et une certaine quantité de volaille. C'est bien là le fermage à redevance fixe, seulement le prix au lieu de consister en argent est en nature.

Quant aux cultivateurs ad medictatem, le polyptique

(1) Dans l'énumération de ces concessions que M. Rérolle a relevées dans son savant travail, nous relevons les mentions suivantes :
« Tenet eum nunc Amatlaicus colonus et uxor ejus colona, nomine Winerada, homines sancti Germani... Arat ipsam terram ad medictatem. Donat quatuor denarios de capite suo, pullos et ova... »
« Has duas donationes tenet Airulfus, lidus sancti Germani. Arat eas ad medictatem »
« Tenet nunc eum Rainboldus, servus sancti Germani, et uxor ejus ancilla, nomine Framberta. Arat ipsam ad medictatem, solvit denarios III, pullos et ova. »

nous apprend qu'ils étaient tantôt serfs, lides ou colons. D'après M. Guérard, le savant commentateur du polyptique, le colon aurait été astreint au service de la terre, le lide au service des armes, l'esclave au service des personnes.

Quoiqu'il en soit de la nature de ces degrés plus ou moins rapprochés de la liberté, le colonage partiaire appliqué au servage constituait un progrès. C'était soustraire le serf aux réclamations arbitraires du propriétaire en limitant sa prestation à la moitié des produits, c'était encourager ses efforts en lui donnant une part dans les bénéfices qui pourraient en résulter.

Mais le servage lui-même devint au bout d'un certain temps de plus en plus rare, et dès lors contracter un contrat de métayage, ce fut suivant l'expression de M. de Gasparin : affranchir l'homme en se réservant la propriété de la terre.

Ajoutons qu'à l'époque féodale, les grands propriétaires pour tirer du revenu de leurs terres ne les louaient pas toujours à des fermiers ou à des métayers. Souvent et cette pratique se répandit de plus en plus, au lieu d'avoir recours au système locatif, ils avaient recours à des aliénations. Au lieu de louer leurs terres, ils les vendaient pour un prix payable en services qu'ils étaient en droit d'exiger chaque année. Ils constituaient de la sorte sur leurs immenses domaines, des fiefs ou des censives, afin de se procurer des hommes d'armes ou des hommes de travail. La terre, sorte de monnaie, devint pour les grands tenanciers un moyen de se procurer ce qui leur était utile (1).

L'objet de la prestation censitaire, nous l'avons déjà dit était des plus variées, le cens consistait parfois en une part de fruits (campi pars) d'où le nom de champart donné à cette espèce de bail à cens. Le champart on le voit ressemblait singulièrement au colonage partiaire. Comme lui il comportait une prestation variable suivant les chances de la récolte, mais il en différait en ce que le champartiste devenait quasi propriétaire tandis que le métayer n'était jamais qu'un locataire.

Ne pourrait-on pas dire que le champart était la forme féodale du colonage partiaire ?

Ce qui caractérise l'époque féodale c'est la variété presqu'infinie des modes d'amodiation du sol. On sent que non seulement le sol constitue la richesse capitale mais qu'il est encore un instrument de transaction un moyen de se procurer les autres biens.

(1) Les vilains, à raison de la terre qu'ils tenaient du seigneur, lui devaient « des droits domaniaux » qu'on a improprement appelés « droits féodaux ».

Les vilains s'acquittaient soit en nature, soit en argent, soit par leur travail. On appelait *coutumes* les redevances en nature : blé, avoine, vins, cire, miel, poules, bétails, etc.

Les redevances en argent étaient : 1° le *cens*, sorte de taxe foncière, à raison de tant par manse et dont le taux demeurait invariable ; 2° la *taille* qui se payait non par manse, mais par feu c'est-à-dire par ménage, et qui était variable. Le cens était ordinairement payé par les francs, et la taille par les serfs.

Le vilain payait aussi de ses bras. Il devait au seigneur des corvées pour le labour, la moisson. Mais le serf était corvéable à merci, le franc dans la mesure du contrat » Rambaud. Histoire de la civilisation. p. 156.

Souvent, comme nous venons de le voir, on l'aliénait pour obtenir les choses dont on avait besoin, argent, denrées ou services.

Mais ce nouveau système de tirer parti du sol n'avait pas fait disparaître le louage ou plutôt le prêt de la terre. Le métayage et le fermage subsistèrent. Quand les grands tenanciers ne confiaient pas à des esclaves la culture des domaines qu'ils avaient conservés ils les-baillaient à ferme ou à métairie soit à des hommes libres soit à des serfs qu'ils affranchissaient.

Mais en dehors de ce cas d'application, le métayage comme le fermage en avait un autre beaucoup plus répandu : la plupart du temps, ces contrats venaient se greffer sur le contrat féodal lui-même. La constitution d'une censive avait été pour le grand tenancier un moyen facile de tirer parti du revenu de ses domaines, mais il fallait qu'à son tour, le censitaire tirât parti de la concession qu'il avait obtenue. Souvent sans doute il la cultivait lui-même, n'étant la plupart du temps qu'un homme pauvre sans autres ressources que ses bras et ceux de sa famille. Mais, très souvent aussi, quand le censitaire était un artisan il avait recours au fermage ou au métayage pour tirer parti de sa censive sans pour celà délaisser un métier productif. Dans ce dernier cas, le cens était payé par le fermier et le métayer avec les autres redevances. C'est ainsi que, sinon en droit du moins en fait, la bourgeoisie naissante s'affranchissait des droits féodaux.

Du métayage et du fermage quel est celui qui s'est

développé le plus tôt? A cette question les documents répondent qu'ils se sont développés à peu près concurremment. Les premiers baux à ferme cités par du Cange sont de 1089 et de 1100; la première mention qu'il fait d'un bail à métairie se rapporte à l'année 1017. Ce sont des dates on le voit à peu près équivalentes, « *à toute époque en France, dit M. Rérolle, on constate la coexistence de ces deux systèmes d'amodiation et nous serions tentés de croire que tandis que le métayage prévalut au XVIIIᵉ siècle, c'était le fermage qui dominait dans les siècles précédents* (1) ».

L'opinion de cet auteur n'est pas une hypothèse gratuite. Elle se base sur la comparaison de deux dates : la fin du XVIᵉ et la fin du XVIIIᵉ siècle.

En 1589, époque où s'imprima le théâtre d'agriculture ou mesnage des champs, le remarquable ouvrage d'Olivier de Serres, le fermage était le mode d'exploitation le plus usité et loin d'être un régime nouveau, Olivier de Serres nous apprend dans la critique qu'il en fait que c'était un système vieux et qui allait bientôt se trouver démodé. Comme innovation il recommande le métayage, dont il parle comme d'un régime plus nouveau et plus avantageux.

A la fin du XVIᵉ siecle, opposons maintenant la fin du XVIIIᵉ siècle où Adam Smith constatait que le colonage s'appliquait aux 5/6 du territoire, où Arthur Young élevait ce chiffre aux 7/8. En admettant que ces évaluations soient exagérées, en nous rapportant simple-

(1) Rérolle, colonage partiaire p. 184.

ment à celle de Turgot d'après lequel la proportion serait seulement des 4/7 du royaume, il n'en résulte pas moins que le métayage qui en 1589 était encore très peu répandu se trouvait à la fin du XVIII<sup>e</sup> siècle le régime de beaucoup le plus généralement pratiqué.

Il avait donc considérablement progressé et se trouvait le mode d'une époque plus avancée dans la civilisation. Celà ne veut évidemment pas dire que ce soit un mode plus perfectionné que le fermage mais cela contrarie l'opinion de ceux qui voient dans le métayage un mode d'amodiation primitif conduisant nécessairement au fermage.

Qu'on ne dise pas que ce résultat tient à des circonstances particulières, à des faits qui se sont produits en France et ont détourné les choses de leur ordre naturel. Nous avons constaté chez les Romains le même phénomène et une lettre bien connue de Pline le Jeune conseille de remplacer le fermage par le colonage, pour remédier à l'insolvabilité des fermiers (1).

La lettre de Pline nous enseigne quelles furent les causes qui présidèrent au développement du métayage à une époque déjà avancée de la civilisation romaine car Pline le Jeune vivait du temps de Trajan qui l'appréciait beaucoup et dont il fut comblé d'honneurs.

_____

(1) Pline livre XIX, opist 37. « ...Occurendum ergo auges centibus vitiis et medendum est. Medendi una ratio si non nummo sed partibus locem ab hoc acres oculos, numerosas manus poscit ; experiendum tamen et quasi in veteri morbo quœ libet auxilia tentenda sunt.

Elle nous dépeint, l'insolvabilité des fermiers toujours croissante, leur négligence déplorable, leur paresse et leur insouciance, leur indépendance enfin.

En France, les mêmes causes amenèrent les mêmes effets. Voici comment s'exprime Olivier de Serres :

« Si choississés riche votre fermier, comme de nécessité faut qu'il ait du moyen pour fournir vostre domaine de bétail, d'outils, de semences, de meubles, de vivres, d'argent et d'autres choses requises, voudra avoir votre bien à trop bon marché, et n'y entrera qu'avec asseurance de grand profit, sous conditions dures et pour vous peu avantageuses. Joinct qu'y étant, son ignorance, son orgueil, son irrévérence, et autres siennes incivilités vous importuneront..... Si pauvre pour qu'en jouissiés comme voudrés, vous en promettant bon prix, serez contraint, non seulement d'attendre ce qui aura été convenu entre vous, mais aussi de lui fournir deniers, blé, meubles, bestail, pour avancer vos affaires, autrement demeureraient-ils en arrière, avec danger d'en être mal rembourcé, à cause de sa pauvreté qui lui oste le moyen d'attendre la vente de ses fruicts, dont bien souvent n'en peut tirer la raison..... Et quel qu'il soit votre fermier au lieu d'augmenter votre bien le vous diminuera..... ils sont tous jetés en ce moule que d'être avares, paresseux et ignorants..... Ils se faschent si vous faictes quelque gentillesse en votre domaine : de peur que tels moyens vous y attirant ne vous donnent l'entière connaissance de vos affaires, voyant leur mauvais ménage et le trop de profit qu'ils font sur vous et que finalement les en sortiés. »

Et à la suite de ce procès en règle contre le fermage, Olivier de Serres conclut en faveur du métayage qu'on devrait selon lui commencer à répandre de plus en plus.

Par ces passages on peut s'apercevoir qu'au temps d'Olivier de Serres, comme au temps de Pline, les fermiers étaient souvent insolvables, témoin l'exigence extraordinaire de ceux qui par hasard présentaient quelque garantie. Dès lors les propriétaires du XVIe siècle comme les contemporains de Pline cherchèrent dans le métayage un remède à cet inconvénient.

Toutefois, il nous semble résulter du passage d'Olivier de Serres que l'insolvabilité des fermiers ne fut pas la seule considération qui poussa les gentilshommes de son temps à substituer le métayage au fermage.

Le langage de l'auteur du XVIe siécle nous parait respirer un autre sentiment que nous essaierons de caractériser en l'appelant : le désir qu'avait le seigneur de Pradel d'être maître chez lui. Il est évident que l'indépendance des fermiers lui fait ombrage.

Et sans doute il n'était pas le seul à éprouver ce sentiment qui devait être partagé par les autres gentishommes de son temps.

Mais comment se fait-il que ce soit seulement au XVIe siécle que les seigneurs se montrent ainsi jaloux de leur autorité ?

En voici selon nous la raison : A cette époque la saison des combats particuliers qui semblent avoir occupé par dessus tout les hommes du moyen âge était passée, ainsi que celle des grandes et interminables guerres. La royauté sans être parvenue à son entier développement s'était affermie et le roi commençait à avoir une armée organisée qui le dispensait de recourir comme autrefois à tous ses gentilshommes et de les maintenir continuellement sous les armes. Le rôle des gentilshommes diminué leur laissait donc le loisir d'aller vivre dans leurs maisons des champs.

Mais en y vivant ils voulaient être les maîtres et l'indépendance inséparable de la condition de fermier ne pouvait manquer de déplaire à leur orgueil en même temps qu'elle ne laissait pas de place à l'exercice de leur activité.

Au contraire aucun régime ne s'accorde mieux que le métayage avec l'existence du propriétaire dans ses domaines et ce contrat qui suppose entre le maître et le cultivateur des rapports qui, pour ne pas réduire le métayer au rôle de valet, consacrent cependant une certaine dépendance de ce dernier vis à vis de son maître, convenait beaucoup mieux que le fermage aux gentilshommes du XVI$^e$ siécle résolus à vivre dans leurs domaines.

Telles sont les raisons qui selon nous ont amené le développement du métayage au XVI$^e$ siécle. C'est d'une part l'insolvabilité des fermiers, et d'autre part la nouvelle vie des gentilshommes. Elles nous semblent résulter des écrits mêmes d'Olivier de Serre.

Du XVI$^e$ au XVIII$^e$ siècle, les baux à métairie deviennent de plus en plus fréquents. Les mauvaises

années qui signalent la fin du règne de Louis XIV
avaient pour ainsi dire rendu le fermage impossible à
cause de la rareté des capitaux.

Ce résultat avait des avantages. Il maintenait entre
la classe des propriétaires et celle des cultivateurs des
bons rapports que n'aurait jamais pu engendrer le fermage. Vivant à côté des métayers, presque de leur vie,
le propriétaire d'autrefois avait avec eux une communauté d'existence et d'intérêt dont les anciens documents nous offrent de nombreux témoignages (1).

Il nous a été bien des fois permis de nous apercevoir du rôle bienfaisant qu'a souvent joué le métayage
dans l'ancienne France. Il s'y présente non pas seulement comme un lien d'association mais presque comme
un lien familial entre le propriétaire d'ancienne souche
et ceux dont les pères avaient vécu côte à côte avec
les siens.

Souvent dans les testaments des maîtres, on trouve un
petit legs pour les métayers (2)

(1) Albert Babeau, Vie rurale p. 273.
Un document cité par l'auteur du village sous l'ancien régime
raconte ainsi la mort d'un propriétaire qui s'éteint au milieu
de la désolation de ses métayers : « Les portes de la chambre
étaient ouvertes et tandis qu'autour de sa famille les nombreux
serviteurs et les métayers sanglotaient, le bon sieur de Nevet leur
disait : Mes métayers, ne pleurez pas ; vous savez, quand le blé
est mûr on le moissonne ; quand l'âge vient, il faut mourir.
Taisez-vous, bons habitants des campagnes, taisez-vous, chers
pauvres de ma paroisse, comme j'ai pris soin de vous, mes fils
prendront soin de vous... Ne pleurez pas, bons chrétiens, nous
nous retrouverons bientôt ».
(2) On en rencontre notamment dans le curieux testament de

Veut-on maintenant avoir une idée des clauses qui régissaient les contrats de métayage à cette époque ? on se rendra facilement compte par la lecture des anciennes baillettes (1) que le métayage s'est très peu modifié malgré les changements sociaux. On lui en a fait un reproche. N'est-ce pas plutôt une qualité de pouvoir s'adapter également bien à toutes les époques ? Les institutions qu'on est obligé de modifier sont celles qui renfermaient en elles-mêmes quelque défectuosité. Quant à celles qui se maintiennent, leur durée prouve qu'elles possédaient des qualités intrinsèques capables à toutes les époques de les faire apprécier.

La durée des baux à métairie de cette période était ordinairement de 5 ans mais très souvent aussi le bail à métairie était fait à perpétuité. Plusieurs de ces baux perpétuels ont survécu à la révolution mais leur durée fut limitée à 99 ans.

Quand le titulaire d'un bail de cette nature venait à mourir, ses héritiers succédaient à son droit au bail. Mais comme dans l'intérêt du propriétaire et aussi dans celui du domaine il ne devait y avoir sur chaque domaine qu'un seul feu, pour éviter le morcellement, les membres de la famille qui se trouvaient en trop étaient forcés de s'en aller. Ceux qui restaient leur devaient

M. Pierre Hébrard, Notaire royal et Procureur d'office qui dicta son testament le 23 septembre 1631. V. Louis Guibert. Livres de raison Limousins et Marchois.

(1) Consulter les baillettes des XVIe XVIIe et XVIIIe siècles que nous avons citées et étudiées dans un appendice final.

alors une indemnité qui représentait la valeur de la part qu'il avait dans le droit au bail.

Voici quelques autres indications relatives aux baux de cette période. Les impôts sont à la charge du métayer contrairement au conseil d'Olivier de Serres qui recommandait de les partager. Les produits se partagent par moitié. Les métayers sont astreints à des charrois en nombre illimité. Les semailles sont fournies par moitié (1).

A la fin du XVIII<sup>e</sup> siècle, le développement du métayage, nous l'avons constaté déjà, était arrivé à son apogée. Il ne devait pas tarder à diminuer.

Avant la révolution les physiocrates avaient adressé à notre régime toutes les critiques imaginables. Le D<sup>r</sup> Quesnay lui préférait de beaucoup le fermage, le Marquis de Mirabeau dans l'ami des hommes le passe pour ainsi dire sous silence, enfin Turgot qui, comme intendant du Limousin, ne pouvait faire autrement que d'en parler, en profite pour lui faire un procès en règle.

« Les pays de petite culture, dit-il, c'est-à-dire les 4/7 de l'étendue du royaume sont ceux où il n'existe point d'entrepreneurs de culture, où un propriétaire qui veut faire valoir sa terre ne trouve pour la cultiver que de malheureux paysans qui n'ont que leurs bras : où il est obligé de faire à ses frais toutes les avances de la

_______

(1) Voir pour plus amples développements notre appendice final.

culture, bestiaux, instruments, semences, d'avancer
même à ce métayer de quoi le nourrir jusqu'à la première récolte ». Puis il continue ainsi : « Le métayer
accoutumé à la vie la plus misérable cultive mal, néglige d'employer les terres à des productions commer-
çables ; il s'occupe de préférence à faire venir, celles
dont la culture est moins pénible et qui lui procurent une
nourriture plus abondante comme le sarrazin et surtout
les châtaignes qui ne donnent d'autre peine que de les
ramasser (1). »

Voilà un tableau bien noir de la condition du métayer
mais les reproches que Turgot adresse au métayage
ne sont-ils pas plutôt imputables à la pauvreté du
pays et à la misère des temps qu'au régime de culture ? Les mêmes terres dans les mains de fermiers au-
raient-elles été plus prospères ? Il nous est permis d'en
douter.

Nous nous croyons même autorisé à dire qu'il y avait
quelqu'exagération dans les doléances de l'intendant du
Limousin. Exagération d'ailleurs peut-être voulue, car
elle avait pour but d'apitoyer le gouvernement sur le
sort de la province et de demander un dégrèvement
d'impôts.

L'excès des impôts et leur répartition défectueuse,
voilà la cause véritable de la misère que déplorait
Turgot. Excessifs partout (1) ils étaient tout particu-
ment exagérés en Limousin. « Nous ne nous las-

_______

(1) Turgot Tome 6, page 267 édit. de 1800.

serons pas de répéter, dit Turgot, que pour ramener les
impositions de la généralité de Limoges à la même
proportion que celles des autres provinces, c'est à dir<sup>e</sup>
pour qu'elle ne payât au roi que le tiers du revenu total
ou une somme égale à la moitié de ce que retirent
les propriétaires, il faudrait une diminution de plus
de sept cent mille livres dont la moitié fut portée sur
la taille et l'autre moitié sur les impositions accessoires (2). »

Non-seulement les impôts étaient lourds mais ils
étaient mal répartis. C'est ainsi que la taille d'un des

(1) Ce comble des impôts est un pesant fardeau ; mais trop heureux encore, on nous laisse la vie, écrit sur son registre parois-
sial en 1711 un bon curé d'un village du Maine, témoin des misè-
res de ses paroissiens. Rerolles. p. 220.

En Limousin les paysans disaient dans leurs prières à la fin du
pater : Délivrez moi du mal et de la justice. (J. J. Juge, p. 128)

(2) Avis sur l'imposition de la taille de la généralité de Limoges
en l'année 1772. Œuvres de Turgot tome 6. p. 304.

Turgot prenait tellement à cœur le dégrèvement de sa généralité, qu'il lui sacrifie son avancement ainsi que le prouve la lettre
suivante qu'il adresse au contrôleur général des finances. « Ma
mère m'a écrit, dit-il, qu'elle a eu l'honneur de vous demander
pour moi l'intendance de Lyon. Cette place me paraîtrait certainement très désirable par elle-même ; j'y gagnerais une augmentation assez considérable de revenu, un séjour beaucoup plus
agréable etc... puis il termine en disant : Si donc, comme j'ai
lieu de l'espérer, vous êtes dans l'intention d'établir en Limousin
le système de la taille tarifée sur des principes plus solides que
par le passé, je sacrifierais avec grand plaisir les avantages et les
agréments que je trouverais dans l'intendance de Lyon et je vous
prierais de vouloir bien me laisser à Limoges. » Turgot n'a pas
encore sa statue dans cette ville.

plus onéreux était exclusivement payée en Limousin par les métayers. Les propriétaires de ce pays n'avaient pas suivi le conseil d'Olivier de Serres qui recommandait de ne mettre à la charge du colon partiaire que la « moitié des tailles, censes et autres ordinaires charges y échéans. »

C'était un système conforme à la nature de notre contrat où tout doit être partagé : profits et charges. Ce n'était pas seulement l'avarice et la cupidité qui poussaient les propriétaires à refuser de contribuer au paiement de la taille, c'était aussi l'orgueil. La taille, par celà seul que les nobles en étaient exempts, fut de tout temps considérée comme un impôt humiliant, aussi les propriétaires, même roturiers, le rejetaient toujours sur les métayers ou les fermiers. Seulement le fermier ne le supportait qu'en apparence car en convenant de son prix de ferme il en déduisait le montant de la taille tandis que le métayer n'avait aucun moyen d'y échapper.

Les impôts devenaient donc beaucoup plus onéreux pour les paysans dans les pays de métayage que dans ceux de fermage.

Mais cet état de choses, encore une fois, ne tenait pas aux vices de notre contrat mais à ceux de l'époque, à ceux du gouvernement et de la répartition défectueuse qu'il avait adoptée dans les impôts.

Telles sont selon nous les vraies causes de la misère que Turgot semble reprocher au métayage, l'excès des impôts et l'injuste façon dont ils étaient repartis.

Comment se fait-il donc, si le métayage avait eu en Limousin les inconvénients que lui prête Turgot, comment se fait-il que ce régime ait continué à être pratiqué dans ce pays, et qu'après l'avoir amené à une prospérité agricole indiscutable, il l'ait préservé des conséquences désastreuses de la crise agricole qui a désolé tout dernièrement un grand nombre de régions, beaucoup plus fertiles ?

Celà tient à ce que les critiques de Turgot proviennent d'un esprit certainement bien intentionné, mais plus spéculatif quepratique. Car, en admettant même que le métayage soit un régime imparfait, il faut reconnaître que malgré son imperfection, il convient singulièrement bien à des régions ou la pauvreté des habitants et le morcellement physique du sol, s'opposent à l'institution du fermage et au développement de la grande culture. Tel est le cas du Limousin couvert de collines et de vallées étroites où les domaines sont encore divisés par des cours d'eau nombreux.

Un tel pays ne comporte que des petits domaines et non ces immenses exploitations si favorables au fermage et à l'emploi des machines.

Dans le même cas d'ailleurs sont la Bretagne, l'Anjou et d'autres contrées encore. On peut dire que dans ces pays, la nature elle-même a désigné le mode de culture qu'il convient d'employer.

Dans toutes ces régions le métayage a régné et régnera toujours.

Mais pour en revenir à notre étude historique nous

ferons remarquer que la situation misérable que nous
dépeint Turgot était à son époque assez générale dans
les campagnes et non pas spéciale au Limousin. Personne n'ignore que des disettes effroyables signalèrent
la fin du règne de.Louis XVI. Elles furent certainement
l'une des causes qui hâtèrent la révolution et les pays
de fermage n'échappèrent pas à la loi générale. Eux
aussi eurent à déplorer une pauvreté qui s'étendait à
presque tous les habitants (1).

Quoiqu'il en soit, à partir de la révolution nous pouvons constater une décroissance continuelle du métayage.
Un mouvement inverse de celui que nous avons vu se
produire au XVIᵉ siècle va s'accentuer jusqu'à ces dernières années en faveur du fermage. Si le métayage per-
siste dans un certain nombre de régions qui, comme
nous l'avons vu, sont pour ainsi dire faites pour lui, il
disparait de pays qui autrefois l'avaient pratiqué d'une
façon presque générale.

(1) Voici une lettre du régisseur de M. de Montyon dont les propriétés étaient situées dans la Brie, pays de fermage et réputé pour
sa fertilité :

« Les grains sont d'une cherté excessive ; présentement le blé
se vend 35 livres le setier et le monde ne peut plus y tenir. Si Mgr.
veut envoyer quelques charités dans les paroisses dont il est seigneur, ce serait un grand bien pour les indigents qui sont en grand
nombre. »

Et comme M. de Montyon répond de lui envoyer les noms des
indigents, le régisseur en énumère quelques-uns et termine en disant : « Et beauconp d'autres encore et pour dire la vérité il n'y en
« a pas beaucoup d'autres qui ne souffrent pas. »

J'emprunte cette citation à l'intéressant ouvrage qu'a publié sur
Montyon M. le conseiller Labour. Fernand Labour « *M. de Montyon
d'après des documents inédits*, p. 121. »

A quelles causes faut-il rattacher un pareil résultat ?

Le métayage, faisons le remarquer tout d'abord, a trouvé des ennemis chez les économistes du XIX⁰ siècle comme il en avait trouvé au XVIII⁰ siècle chez les physiocrates, leurs devanciers. Voici comment J.-B. Say s'exprime sur son compte : « Ce genre de culture appartient à un état peu avancé de l'agriculture et il est le plus défavorable de tous aux améliorations des terres ; car celui des deux, du propriétaire ou du fermier, qui fait l'amélioration à ses frais ne retire que la moitié du fruit de sa dépeuse, puisqu'il est obligé d'en partager le produit (1) ».

Depuis lors tous les économistes reprennent à peu près les mêmes critiques, et dans ces critiques comme le fait remarquer si justement M. Rérolle « on déprécia à l'excès l'antique mode d'exploitation, on en méconnut les côtés moraux et sociaux ». Quant à ses effets économiques, selon Baudrillart « on s'attacha presqu'exclusivement aux types défectueux pour leur opposer un fermage, souvent hypothétique, toujours riche en avances, mêlant la hardiesse à la circonspection, la théorie à l'expérience : le fermage tel qu'il doit être et non pas tel qu'il est, il s'en faut (2) ?

Sans doute ces théories spéculatives n'ont pas été la seule cause de la décroissance du métayage. Elles

(1) Jean-Baptiste Say. Traité d'éconononie politique, p., 369. édit. de 1826.

(2) Rérolle p., 234. Baudrillart. Revue des deux Mondes. 1ᵉʳ octobre 1885.

n'auraient pas par elles-mêmes exercé une grande influence si elles n'avaient germé dans un terrain favorable.

Mais ce terrain, la révolution allait le préparer. Grâce à elle les capitaux se répandirent de plus en plus dans la classe moyenne et tout particulièrement dans celle des paysans enrichis par des acquisitions faites à vil prix des biens de leurs anciens seigneurs.

De plus la taiille, cet impôt humiliant pour le cultivateur venait d'être supprimée.

Ainsi grâce à un ensemble de faits que nous constatons sans entreprendre de les justifier la classe des habitants des campagnes s'était enrichie et, d'autre part la situalion du fermier devint plus désirable et plus lucrative.

Il ne fallait rien de plus pour rendre le fermage possible et hâter son développement. Ajoutons que les progrès de la science agricole allaient mettre l'agriculture au niveau de l'industrie et favoriser de grandes exploitations pourvues d'un matériel de machines comparable à celui des usines.

Remarquons aussi que la propriété avait changée de mains. Beaucoup des biens des anciens nobles furent acquis par des bourgeois occupés au commerce ou à des professions libérales.

Pour ces derniers, le métayage qui nécessite une surveillance constante et par conséquent le séjour du propriétaire dans ses domaines avait de grands inconvénients. Il eut été un obstacle à l'exercice de leur profession. Les nouveaux possesseurs au lieu de voir comme

leurs devanciers dans la propriété une sorte de petit
royaume qu'ils se plaisaient à administrer n'allaient plus
la considérer que comme une source de revenu et tout
au plus comme une occasion de villégiature et d'in-
souciant repos.

Dans de pareilles conditions, le métayage ne pouvait
manquer de voir diminuer son champ d'application.
C'est ce qui arriva. Mais le métayage a subsisté cependant dans un certain nombre de pays auxquels, comme
nous l'avons remarqué déjà, il convient tout particulièrement. Les propriétaires affermèrent dans ces pays
leurs domaines à une sorte d'entrepreneur de culture
qui en échange de la redevance des métayers qu'on
lui abandonne sert au propriétaire un revenu déterminé
et invariable.

Ce mode batard qui participe aux inconvénients du
fermage sans en avoir les avantages aboutit la plus
part du temps à faire pressurer le cultivateur par un
homme qui n'est très souvent qu'un spéculateur. Si
ce régime a parfois donné de bons effets grâce aux
qualités spéciales du fermier général, c'est la plus
part du temps un régime défectueux auquel cependant
l'absentéisme des propriétaires force souvent à recourir.

En un mot, les progrès de fonctionnarisme, de l'industrie et du commerce, le développement de la richesse
et de l'oisiveté amenèrent la diminution progressive du
métayage (1).

Mais au bout d'un certain temps un revirement se

(1) Rérolle, p. 235.

produisit. L'enquête faite par la société des agriculteurs de France nous apprend que sur beaucoup de
points la décroissance du métayage a cessé (1).

Non seulement la réaction en faveur du métayage se
produit dans l'ordre des faits mais aussi dans l'esprit
des économistes qui jusqu'alors nous l'avons vu lui
avaient été hostiles pour ainsi dire traditionnellement.

Baudrillart qui dans son manuel d'économie politique
écrivait que le métayage était un obstacle sérieux au
développement progressif de l'agriculture revient en
1885 à une autre opinion et constate dans l'article de la
*Revue des Deux mondes* que nous avons déjà cité que le
métayage peut se perfectionner et devenir le système de
l'avenir. « Il y a ainsi, dit-il, en agriculture de bien vieux
instruments qu'on ne supprime pourtant ni de remplace
par d'autres, la charrue par exemple. La tradition les
conserve et les perpétue, le progrès les perfectionne. »

La cause de ce revirement favorable, nous la trouverons dans la crise agricole qui a signalé ces dernières
années. On a pu constater durant cette crise que les
propriétaires de fermes ne recevaient aucun fermage,
bien heureux quand les fermiers n'abandonnaient pas
leurs terres en friches tandis qu'au contraire les propriétaires de métairie continuaient toujours à toucher

(1) « Le métayage qui était traditionnel dit le Président du co-
mice de Trévoux tendait à disparaître mais dans les circonstances
actuelles il répond faveur. » Le président de la société d'agriculture de l'Ariège s'exprime dans le même sens : « La rareté et la
chèreté de la main d'œuvre amènent les propriétaires à revenir
au métayage qui était presque abandonné. »
Rapport de M. de Tourdonnet. p. 64.

un certain revenu. Cette comparaison entre les pays de fermage et de métayage tout à l'avantage de notre contrat révéla aux gens les moins clairvoyants en même temps que les mérites du métayage, les inconvénients du fermage qui ne donne de résultats satisfaisants que dans les années prospères mais se trouve incapable de résister aux crises tandis qu'au contraire, suivant l'observation de M. Rérolle, c'est aux époques de crises que le métayage se généralise.

Comme au temps de Pline, comme au temps d'Olivier de Serres l'agriculture a subi à notre époque une crise et cette crise fût encore le signal du développement du métayage qui depuis ces dernières années compte des partisans de plus en plus nombreux.

Mais il ne faudrait par chercher dans des raisons d'ordre économique l'unique cause de cet essor nouveau. Il y a aussi un motif d'ordre social. L'encombrement des professions libérales, le peu de rapport des terres pour ceux qui n'y vivent pas et n'en vivent pas, une certaine mode aussi qui pousse à imiter les mœurs d'autrefois ont engagé un grand nombre de propriétaires à vivre sur leurs terres et à y chercher une occupation pour leur activité. Cette existence autrefois dédaignée est aujourd'hui considérée comme de bon ton et la mode, toute puissante en France, en favorisant le séjour des propriétaires sur leurs terres ne peut manquer de favoriser l'extension de ce régime.

## I. — Ce développement progressif du métayage est-il un bien ?

Cela nous amène à examiner quels sont les avantages de notre contrat et de cet examen, ressortira notre conclusion.

Lorsqu'on veut apprécier les mérites d'un système d'amodiation, il faut le considérer à un double point de vue : 1° au point de vue économique ou purement productif c'est-à-dire au point de vue des avantages matériels et d'ordre pécuuiaire ; 2° mais il faut aussi l'examiner au point de vue des avantages sociaux qu'il peut présenter. Ce second point de vue est le côté moral de la question, qu'on a selon nous beaucoup trop négligé chaque fois qu'on s'est occupé d'apprécier les avantages et les inconvénients du métayage.

I. Au point de vue économique, on a fait au métayage 3 principaux reproches :

(a) *Dans le métayage a-t-on dit le revenu est moindre que dans le fermage.*

Cette assertion purement gratuite, il faudrait la prouver en comparant une ferme et une métairie de même étendue situées toutes deux dans un pays également fertile. Or cette expérience a été faite par M. Jules Rieffel, directeur de l'école d'agriculture de Grandjouan. Il en ressort que le métayage peut rivaliser et même avantageusement avec le fermage au point de vue de la production. Voici d'ailleurs comment M. Baudrillard raconte l'expérience de M. Rieffel : « Le savant agronome dit-il, opérait pour une étendue assez consi-

dérable de pays et pour des sols de toute nature et il
constatait une rente de 25 fr. par hectare avec le fermage, de 30 avec l'exploitation directe, de 40 avec le
métayage ; celle-ci allait jusqu'à 50 et 60 pour les bonnes
terres et même atteignait exceptionnellement à 100 fr.,
chiffre qu'on trouve consigné dans les rapports ou les
primes d'honneur. »

Or, ajoute M. Baudrillart, « si tel était il y a environ
25 ans, l'effet d'une association intelligente et active dans
laquelle mettaient un apport convenable les deux parties
contractantes, le métayage a montré, surtout depuis lors
mieux encore, qu'il est compatible avec tous les progrès
dans les diverses branches de l'industrie agricole (1). »

Voilà un argument péremptoire parce qu'il s'appuie
non pas sur de purs raisonnements mais sur des faits.

Mais qu'il nous soit permis cependant de faire observer qu'il paraît surprenant que le métayage donne un
revenu supérieur à l'exploitation directe. L'auteur a entendu sans doute par exploitation directe celle qui a
lieu au moyen d'ouvriers car il est évident qu'une exploitation directe par des propriétaires cultivant eux-mêmes
qui n'auront rien à dépenser ni rien à partager doit procurer un revenu supérieur à celui qu'on obtiendrait avec
le métayage. Mais l'exploitation directe ainsi entendue
ne peut s'appliquer qu'à des domaines peu étendus, en
rapport avec l'importance numérique de la famille.

(b) On a reproché aussi au métayage *d'être contraire
aux améliorations*. Voici comment M. le Vicomte de

(1) Baudrillart. *Revue des Deux Mondes*, Sept. oct. 1885.

Dreuille dévelloppe cette allégation : Imaginez une amélioration agricole qui coûte 1 franc de main-d'œuvre et qui rapporte 1 franc 50 de produit brut. L'opération sera excellente en elle-même. On en trouve rarement de meilleures dans l'industrie. Le propriétaire ou le fermier qui avancera 10 francs en retirera 15. Pas un fermier n'hésitera devant de pareils chiffres. Et bien, cette amélioration excellente, le métayer la repoussera absolument, parce que, pour lui, le résultat se retournera comme ceci.

Dépense........  1 »

La moitié du produit brut de 1.50.  75 »

Reste une perte nette de........  25 »

Ce simple calcul, dit en terminant M. Dreuille renferme tout le secret du métayage (1). »

Cette démonstration qui paraît péremptoire au premier abord perd beaucoup de valeur lorsqu'on l'examine de près. M. Dreuille suppose que le métayer prend à sa charge tous les frais d'une amélioration agricole sans que le maître y contribue. Il est naturel dès lors que venant à partager par moitié une plus value qu'il a contribué seul à créer, il ne trouve pas l'opération avantageuse.

Mais la supposition de M. de Dreuille est purement gratuite et ne se réalise jamais dans la pratique du métayage. Jamais le métayer ne supporte seul les frais d'améliorations qui sont toujours supportés par moitié quand le propriétaire n'en fait pas l'avance à son métayer. Ce résultat est conforme à la nature de notre contrat

(1) Vᵗᵉ de Dreuille, du Métayage et des moyens de le remplacer.

où en principe toutes les charges doivent être partagées dans la même p oportion que les bénéfices.

Dès lors au lieu de fournir 10 francs le métayer ne fournira donc seulement 5 qui viendront s'ajouter aux 5 francs fournis par le propriétaire. Et si nous suppo‑ sons avec M. de Dreuille que ces 10 francs en rappor‑ tent 15; chacune des parties récoltera 7 francs 50 pour une dépense de 5 francs qu'elle aura faite. Le bénéfice sera donc pour chacune de 2 francs 50 soit la moitié de la somme employée pour l'amélioration. Ce qui nous le voyons est un bénéfice équivalent à celui du fermier qui aura dépensé 10 francs pour en récolter 15.

Ajoutons qu'on trouvera plus facilement un agricul‑ teur capable de dépenser 5 francs qu'on n'en trouverait pour une dépense du double.

D'où il résulte que le métayage, dès qu'il fonctionne rationnellement, loin d'être contraire aux améliorations leur est favorable.

(c) On a enfin reproché au métayage de favoriser le produit brut aux dépens du produit net. C'est là, selon nous, l'objection la plus sérieuse qui ait été formulée contre notre contrat.

Un fermier a intérêt à ce que les frais de culture soient de beaucoup inférieurs aux produits du domaine, afin de s'assurer un bénéfice net avec lequel il pourra payer son prix de ferme et augmenter ses économies. Au con traire le métayer se préoccupera beaucoup moins d'un bénéfice en argent. Ce ne sera pas toujours les produits les plus rémunérateurs qu'il préfèrera. En d'autres ter‑

mes, avant de songer à réaliser les bénéfices précu-
niaires, il songera à nourrir sa famille et dans ce but
il produira les choses les plus appropriées à ses besoins.
Or si cette façon de faire lui est profitable à lui qui con-
somme sa part elle est onéreuse pour le propriétaire qui
est obligé de vendre la partie de récolte qui lui revient.

Sans doute le calcul du métayer qui le pousse à né-
gliger les frais de production et le prix de vente n'est
pas excellent. En se livrant à une culture rémunératrice, plus conforme aux qualités du terrain, ayant plus
de débouchés, le cultivateur obtiendrait des bénéfices
grâce auxquels il pourrait acheter ce dont il a besoin.

Mais ce serait confier sa subsistance à des profits peut-
être aléatoires.

Aussi cette tendance qu'on a constatée chez le métayer est un inconvénient réel, mais auquel cependant
le propriétaire peut parer dans une certaine mesure
grâce au droit de direction que la loi de 1889 lui accorde Directeur de l'exploitation, c'est à lui qu'il appartient de décider la nature des cultures qu'il faut faire

Mais en exerçant ce droit, il ne devra pas méconnaître
les besoins essentiels du cutilvateur et de la famille qui
lui fournissent leur travail et leur temps.

II. Le métayage au point de vue social.

Mais c'est surtout au point de vue social que le métayage offre des avantages.

Il est favorable au développement de la population
car le métayer qui cultive avec l'aide de sa famille, a
intérêt à se sentir entouré de nombreux enfants qui

sont autant de collaborateurs. Il est assuré de pouvoir
les nourrir, satisfacti n qui manque à l'ouvrier dont le
salaire est toujours insuffisant à l'entretien d'une nombreuse famille.

Il élève la condition d'un mercenaire à celle d'un associé. Tous ces hommes pleins de force et d'énergie qui
remplissent la campagne ne peuvent être fermiers si
en dehors de leurs bras et de leur bon vouloir, ils ne
possèdent pas de capitaux. Que vont-ils devenir
dans des pays où le métayage n'existe pas ? Ils vont
grossir le nombre des travailleurs à la journée, des
mercenaires vivant au jour le jour sans souci du lendemain, la plupart du temps sans famille et sans foyer.

Au contraire dans les pays de métayage, ces hommes
vont trouver une situation qui n'a rien d'humiliant, rien
de précaire. Eux qui ne possèdent rien, ils vont traiter
d'égal à égal avec le possesseur du sol car leur apport
en travail est considéré comme l'équivalent de l'apport
en capital.

Du jour au lendemain ils auront une habitation sans
qu'ils aient à se préoccuper d'en payer le loyer. Les
joies du foyer et de la famille leur sont permises. Intéressés à la prospérité du domaine ils connaîtront pendant toute la durée de leur contrat les jouissances qu'entraîne la possession du sol avec l'espérance de devenir
un jour réellement propriétaires. Et tous ces avantages,
ils les doivent non pas au hasard du sort mais à leurs
qualités personnelles. N'y a-t-il pas là pour eux une considération bien faite pour les engager à se perfectionner

sans cesse et à donner à leurs natures morale et physique
tout l'heureux développement dont elles sont capables ?

En empêchant la dégradation de l'homme par le pro-
létariat, le métayage a encore le mérite de maintenir
le travailleur en contact avec le propriétaire du sol sans
lui en inspirer la haine. Le propriétaire dans notre
contrat ne se présente plus, comme dans le fermage,
sous l'aspect d'un indifférent que n'atteindront ni les
mauvaises années, ni les calamités, qui quoiqu'il arrive,
recevra à jour fixe et sans se déranger une rente souvent prélevée sur le nécessaire de pauvres malheureux
qui l'ont produite à coups d'efforts et de privations
sans qu'il ait en rien contribué à les aider. Au contraire
de la communauté d'intérêts que crée le métayage nait
une sorte de fraternité et notre forme d'association
comme on l'a fait remarquer laisse bien loin derrière
elle tout ce que de grands et généreux industriels ont
pu tenter dans le but d'associer l'ouvrier au patron.

La propriété foncière est attaquée de toute part en ce
moment. Ces attaques sont injustes car la propriété
foncière est de tous les capitaux le moins productif et
elle est tout aussi légitime que les autres capitaux qui,
la plus part du temps d'ailleurs, ont servi à l'acquérir
car il est évident que les possesseurs actuels du sol ne
sont pas les descendants des possesseurs primitifs. Ce
qui fait que la propriété foncière est contestée, c'est
qu'elle est une richesse essentiellement perpétuelle
soumise par conséquent à une plus value toujours croissante parcequ'elle ne périt pas, ne se dégrade pas et

que sa valeur augmente avec l'accroissement toujours
progressif de la population. C'est cet accroissement
presque fatal de la valeur du sol indépendant des efforts
et des mérites de ceux qui le possèdent qui a paru particulièrement choquant aux théoriciens socialistes et
qui leur a fait considérer la propriété foncière comme
un injuste privilège.

Sans doute, ces doctrines sont exagérées. Elles ne
s'aperçoivent pas qu'on ne peut donner le nom de pri
vilège à un droit qui n'est pas exclusif mais accessible
à tous comme l'est la possession du sol, mais néanmoins il serait puéril de contester qu'elles ne renfer
ment un fonds de vérité qui est celui-ci : théoriquement
la valeur de la terre doit s'accroître fatalement dans un
temps donné, dès lors ceux qui la possèdent sont privilégiés en ce sens qu'ils ne se déferont de leur droit
qu'en se faisant indemniser de la plus value qu'il a
subie sans leurs concours. Ils sont privilégiés, parceque
le capital qu'ils possèdent augmentant sans cesse, ils sont
naturellement portés à exiger de ceux auxquels ils en
confient l'exploitation une rente de plus en plus élevée.
Dès lors son fermage augmentant sans cesse, le culti·
vateur ne participera en aucune façon à la plus value
du sol qu'il cultive.

Ce résultat ne satisfait évidemment pas entièrement
l'équité, mais est-il besoin, pour le conjurer d'appliquer
les doctrines socialistes et tout particulièrement celles
du colectivisme agraire, qui heureusement n'a encore
en France que peu d'adeptes convaincus mais qui est

devenu en Angleterre « la formule d'une revendication politique » (1) et a été exposé par Henry George dans un livre (2) qui a produit un si grand effet en Angleterre « et aux Etats-Unis que l'auteur a été appelé à exposer « ses idées dans un conclave de ministres de l'Église « établie et que des pasteurs dissidents et des profes- « seurs de l'Université ont donné des conférences et « organisé des meetings pour défendre ses idées (3). » et par A. R. Walace qui dans un livre non moins célè- bre donne un nom au collectivisme appliqué à la terre qu'il appelle la nationalisation du sol (4).

L'importance de la question étant ainsi démontrée, est-il besoin afin de la résoudre avantageusement pour les travailleurs de recourir à ces doctrines destructives de l'état de choses établi et le métayage, ne nous offre- t il pas un moyen plus pratique, plus simple et surtout plus sûr d'arriver à un résultat satisfaisant ? Sa géné- ralisation ferait participer le travailleur aux bénéfices qui résulteront de cette augmentation fatale de la pro- priété que nous avons constatée. Maintenir à cette pro- portion fixe la part du propriétaire et celle du cultivateur, ne serait-ce pas identifier leur sort en unifiant leurs intérêts ? Ne serait-ce pas concourir à l'apaisement des dissensions sociales que de laisser aux propriétaires la possession du capital, qui représente un travail antérieur,

(1) J. Piou. Nationalisation du sol en Angleterre.
(2) Progrès et Pauvreté par H. George.
(3) De Lavelaye. Le socialisme moderne.
(4) A.-R. Walace. Land nationalisation, its necessity and its aims.

sans méconnaître les droits, respectables aussi, du travail présent.

Ainsi, on échapperait à ce résultat auquel le fermage amène forcément : d'un propritaire voyant sans cesse, son capital augmenter, pour ainsi dire, de lui même, et d'un cultivateur dont le salaire, s'il n'est stationnaire, tend à diminuer à cause de l'augmentation de la population et de la création de machines de plus en plus nombreuses et de plus en plus puissantes.

Notre **conclusion** sera donc en faveur du métayage si nous nous plaçons au point de vue le plus élevé auquel on puisse envisager un contrat : celui des rapports sociaux car nous avons vu qu'il les améliore et que notre antique régime peut-être sous ce rapport considéré comme un système progressiste.

Mais si nous nous plaçons sur le terrain purement économique, notre conclusion ne sera pas, là non plus, contraire au contrat que nous venons d'étudier parce que cette étude nous a révélé que le métayage était susceptible de produire autant que le fermage qu'il n'était pas plus opposé que lui aux améliorations agricoles et qu'il avait sur lui l'avantage d'être seul applicable aux pays pauvres et de pouvoir seul résister aux crises, qu'à tout moment, l'agriculture est appelée à traverser. Or il en est des systèmes comme des individus, ce n'est pas dans la prospérité mais surtout en présence des difficultés qu'il faut les juger.

# APPENDICE

---

Documents anciens relatifs au métayage

Nous avons cru intéressant d'insérer à la suite de ce tra_
vail un certain nombre d'indications qui montreront quelles
étaient les clauses les plus en usage dans les anciens baux à
Métairie.

Nous allons débuter en citant une baillette du commencement du XVIe siècle.

Baillette par les frères Roquet de Beaulieu (Corrèze du 7
juin 1502) :

« *Coram me, et testibus infra scriptis constituti pruden-*
« *tes viri Johannes et Pretrus Roquet fratres, burgenses*
« *Belliloci, etc. conduxerunt et pro modo lege (sic) et mey-*
« *tadarie, sive a mieshias et ad medium lucrum tradide-*
« *runt Johanni del Bruelh, alias Pinto, habitatori mansi*
« *de Delmazanas, parrochie de Mercorio, diocesis Tutel-*
« *lensis, videlicet res, fasiones et possessiones sequentes :*
Suit l'énumération détaillée des immeubles. Ils se composent d'une maison, d'un puits, d'une grange avec ses airages
trois petits jardins, diverses terres et prés, un taillis.

« *Et premissa dicti Roqueti tradiderunt eidem Pinto,*
« *presenti, id meytadariam et ad tempus sicuti ipsi de Ro-*
« *quelo placuerint (sic) et non alias. Quas quidem res et*
« *possessiones idem Johannes Bruelh promisit bene et fide-*

« *liter regere et gubernare, terras aptas ad laborandum*
« *laborare, nemora non defraudare nec deteriorare; de*
« *medietate ususfructuum eisdem de Roqueto bonum et le-*
« *gale compotum reddere et repliqua facere... quemadmo-*
« *dum meytadorii facere tententur et debent in similibus,*
« *ut moris est, cum hoc pacto quod, cum erit tempus semi-*
« *nandi bladum, dicti Roqueti tenebuntur tradere medieta-*
« *lem de la semenhalia. Et premissa dictus Johannes del*
« *Bruelh tenere promisit nomine precario ad opus et com-*
« *modum dictorum de Roqueto tantum quantum eisdem*
« *de Roqueto placuerit; et prædictas possessiones dicti Ro-*
« *queti, pro se et suis eidem Johanni del Bruelh garentire*
« *promiserunt tantum quantum dictam meytaderiam tene-*
« *bit et iisdem de Roqueto placuerit* (1). »

Ce bail à métairie du commencement du XVIᵉ siècle nous
fournit des renseignements sur les clauses qui étaient alors
usitées. Nous voyons d'abord dans ce bail que la part du cultivateur était de la moitié de la récolte, (*ad medium lucrum
tradiderunt*).

Quant à la durée, elle dépend du bon plaisir du propriétaire
(*tenere promisit nomine precario..... tantum quantum eisdem de Roqueto placuerit* .

Le métayer, Jean Breuil s'engage à cultiver et à conserver
les choses en bon état. Le propriétaire s'oblige à garantir au
métayer la libre possession du domaine.

Nous voyons aussi dans ce bail que la semence se préle-
vait moitié sur la part du propriétaire, moitié sur celle du
colon : « *dicti Roqueti tenebuntur tradere medietatem de
la semenhalia* ». Cette dernière clause est encore usitée de

(1) Nous devons la communication de cette ancienne baillette à
l'obligeance de M. Louis Guibert de Limoges.

nos jours : Je copie dans une baillette moderne : « Le maître
« fournira la moitié des grains de chaque nature pour l'ense-
« mencement des terres ».

Au XVII<sup>e</sup> siècle, le métayage était régi de la façon suivante
d'après une baillette de 1694. La durée du contrat n'était plus
comme dans la baillette précédente laissée à l'arbitraire du
maître. Elle était généralement de 5 ans ce qui donnait au
métayer de ce temps-là plus de sécurité qu'au métayer moderne dont le bail est annuel presque toujours : « J'ai baillé
aux frères Roudier et à Peyronne Brissaud leur mère, à titre
de metterie temporelle moytié fruits et revenus non lieu et
metterïe du Chastenet sise paroisse de Nieuil (1) pour le
terme de 5 années consécutives. »

Le propriétaire se réservait les bois :

« Ensemble un bois taillis et garenne auxquels réserves
« lesdits métayers ne pourront rien prétendre ni espérer. »

Les impôts taillis et autres sont à la charge du métayer
« payeront lesdits métayers toutes tailles et impositions ordinaires et extraordinaires. »

Les métayers sont astreints à des charrois en nombre illimité : « Seront tenu de faire tous les charrois dont j'aurai
besoin avec les bœufs de ce lieu tant en la ville de Limoges
qu'ailleurs. Je nourrirai les bouviers. »

Mais il leur est interdit de faire des charrois pour des
étrangers ni surtout de prêter les bœufs. « Ne pourront
« faire en leur particulier aucun charroi ni prêter les bœufs
« sans mon exprès congé et permission et où ils contrevien-
« dront se condamnent dès à présent à me payer 3 francs en
« argent de chaque charrois et 20 francs pour chaque prêt et
« chaque journée d'une paire de bœuf. »

(1) Aujourd'hui chef-lieu de canton des environs de Limoges.

Les métayers ne peuvent aller travailler en dehors du domaine : « Ne pourront aussi divertir leurs journées de ce lieu n'y aller travailler ailleurs: »

Les foins et les pailles doivent être employés sur le domaine ainsi que le fermier « Ne divertiront lesdits métayers aucun fiant, paille, ny foing. »

Les semences sont fournies par moitié « et les années subséquentes chacun fournira sa part et par moitié de toutes semences ».

Au XVIIIᵉ siècle les conventions sont peu modifiées. J'emprunte les renseignements suivants à une baillette du 28 mars 1789 (1) : « les grains et les fruits se partagent par moitié sauf les chataignes qui restent au métayer. Tous grains se mesurent à la quarte ou à la gerbe comme aussi tous les fruits à l'exception des chataignes qui leur appartiendront en propre en payant toutes impositions royalles et seigneurialles mesme tous vingtièmes » (2).

Ainsi donc à la fin du XVIIIᵉ siècle comme au XVIIᵉ siècle les impôts étaient tous à la charge du métayer. Les propriétaires s'étaient bien gardés de suivre le conseil d'Olivier de Serres qui recommandait de les supporter de moitié avec le métayer.

Comment étaient constitués les domaines de cette époque, quelle était la proportion des terres cultivées relativement aux terres incultes ou en bruyères ?

Voici une indication sur ces diverses questions que j'em-

(1) Cette baillette provient d'une livre de raison de M.Péconnet du Chatenet communiqué par M. Péconnet du Chatenet.

(2) Nous empruntons cette indication au registre du sieur Martinot de Lavalade qui nous a été communiquée par M. P. des Courrières.

prunte au même registre. Elles sont toujours relatives au
même domaine. Ce domaine qui est mentionné sur le registre en question comme ayant une superficie de 149 septerées 34 perches, comprenait en prés environ 20 septerées ;
46 septerées 60 perchés de terres labourables ; 6 septerées,
30 perches de bois et broussailles ; 2 chenevières de une
septerée chacune ; enfin 50 septerées de champs froids et
bruyères avec un certain nombre d'autres articles peu importants. On voit que la proportion des terres incultes était
considérable à peu près du tiers. (50 sur 149 septerées.)

Veut-on maintenant savoir quelle était la valeur d'un domaine ainsi constitué ? Un acte qui mentionne la vente
même de ce domaine daté du 13 janvier 1789 nous indique
qu'il a été vendu pour la somme qui paraît aujourd'hui bien
modique de onze mille six cents livres (1).

---

(1) Par devant nous, M. Jean-Louis Chaussade sieur de Trasrieux, notaire royal en la séné chaussée de Limoges et témoins
soussignés, le treize janvier 1789 avant midy, au bourg et paroisse
de Linards (Haut-Limousin) fut présent M. Léonard Cruveilhier,
Membre correspondant de l'Académie royalle de Médecine de
Paris,... lequel audit nom et qualité volontairement a vendu, ceddé
et à perpétuité transporté avec pleine et entière garantie de fait et
de droit en faveur de M. Léonard Martinot seigneur de la Valade et
autres lieux... lesquels biens et héritages sont situés au bourg de
St-Méard et dépendances d'icelluy village de Trasrieux.... et ont été
délaissés audit sieur de Lavalade moyennant la somme de onze
mille six cents livres.

# POSITIONS

---



### Droit Romain

1. Le fermage était primitivement plus répandu que le colonage partiaire.

2. Le colonage partiaire est un contrat innommé.

3. Les « Occupatores » dont parle l'inscription d'Aïn-Ouassel sont des colons partiaires.

4. La tacite reconduction dans le colonage comme dans le louage n'avait pas la durée du contrat primitif.

### Droit Français

1. Le métayage est un contrat sui generis et ne se confond ni avec le *louage* ni avec la *société*.

2. Les ouvriers employés par le colon pour la culture du domaine ne peuvent actionner le propriétaire ni solidairement ni autrement.

3. La loi de 1889 a eu tort de ne pas accorder un privilège au métayer sur la part de récolte qui revient au propriétaire.

4. Le métayage est un régime qui favorise les rapports du capital et du travail.

## Droit Romain

1. Le système des actions noxales dérive de la transformation de la théorie de la vengeance privée.

2. Le nexum fut la forme primitive du prêt d'argent.

3. Le soldat romain étant sous les drapeaux pouvait se marier.

4. La locatio conductio exista dans le droit public avant d'être admise dans le droit privé.

## Droit Français

1. Le nom patronymique constitue une propriété sui generis que chacun a le droit de défendre contre toute atteinte dans la limite de ses intérêts.

2. La reconnaissance faite pendant le mariage par l'un des époux au profit d'un enfant naturel qu'il aurait eu avant son mariage d'un autre que de son époux ne donnera pas à cet enfant le droit de prendre le nom de son auteur.

3. Le dépôt par un joueur d'une certaine somme sur le tapis à titre d'enjeu équivaut à un paiement anticipé et conditionnel, c'est donc l'art. 1967 et non l'art. 1965 qui est à considérer dans l'espèce.

4. Pour se décharger de toute responsabilité relative à l'incendie, il faut et il suffit que le locataire se borne à établir qu'il n'a commis aucune faute pouvant ccassionner l'incendie.

## *Matières diverses*

1. Le mandat impératif est contraire au régime représentatif.

2. Les pouvoirs de révision de l'assemblé nationale sont limités par les termes de l'accord préalable des deux Chambres.

3. Le juge de droit commun en matière administrative est le Conseil d'Etat.

4. Lorsque deux collaborateurs sont en désaccord sur la question de la publication de l'œuvre commune, la justice ne peut en principe autoriser celui qui veut publier à le faire contre la volonté de son collaborateur.

Vu par le président de la thèse,<br>E. JOBBÉ DUVAL.

Vu par le Doyen,
COLMET DE SANTERRE

Vu  et permis d'imprimer :

*Le vice-recteur de l'Académie de Paris,*

GRÉARD.

# TABLE DES MATIÈRES

## DU MÉTAYAGE OU DROIT FRANÇAIS

### CHAPITRE PREMIER


*Travaux préparatoires de la loi de 1889. But de cette loi* ..   1
*Nature du contrat de Métayage d'après cette loi* .........   3


### CHAPITRE II


FORMATION DU CONTRAT DE COLONAGE ...................   10

§ 1ᵉʳ — **Consentement des parties** ...................   11
VICES DU CONSENTEMENT .......................   11
(*a*) *Erreur*
(*b*) *Dol* .....................................   13
(*c*) *Violence* .................................   14

§ 2 — **Capacité** ... .....................   15
1º *Capacité du bailleur* .........................   16
*Quid des baux de plus de 9 ans ?*
2º *Capacité du preneur* .........................   18
*Incapacité relative pour un tuteur de prendre à bail le
bien de son pupille* .........................   19

§ 3. — **Objet** .................................   20
1º *Objet de l'obligation du bailleur.* Quid des étangs, des
bois des carrières .........................   20
Les biens de l'état, des communes et des établissements publics peuvent-ils faire l'objet d'un bail à métairie.
2º *Objet de l'obligation du métayer* ...................   21
Cas où la métairie a fait l'objet d'un usufruit

§ 4. — **Durée** .................................   26
1º *Baux ordinaires* .........................   26
Congé quand le bail a été fait avec ou sans écrit
2º *Baux à longue durée* .........................   29

§ 5. — **Preuve**............................................... 31

1º *Bail écrit*................................................. 31

A qui incombe le prix du bail

2º *Bail sans écrit*............................................ 33

1º L'existence du contrat est contestée.

2º Le montant de la prestation est contesté.

3º La durée est contestée.

4º La contestation porte sur les articles du compte.

§ 6. — **Enregistrement**........................... 39

1º *Baux verbaux* ......................................... 42

2º *Baux écrits*............................................. 42

3º *Délais d'enregistrement*............................... 44

## CHAPITRE III

EFFETS LÉGAUX DU MÉTAYAGE............................... 45

SECTION I. — *Obligations du bailleur et du Preneur*...... 45

§ 1ᵉʳ. — **Obligations du bailleur**...................... 46

(1º) *Obligations de délivrer les objets compris dans le contrat. Que comprend-t-elle ?*.......... 46

(2º) *Réparations à la charge du propriétaire pendant le cours du bail*.................................. 48

(3º) *Le bailleur est obligé d'assurer au preneur une jouissance paisible*....................... 49

A) Le propriétaire doit s'abstenir de tout fait qui pourrait être nuisible au métayage et entraver sa jouissance

(B) Il doit garantir le colon contre les troubles venant des tiers

(4º) *La jouissance d'une chose exempte de vices cachés*...... 51

(5º) *Impôts ?*.................................. 52

(6º) *Contributions aux frais d'exploitation*............... 54

A. Frais de main d'œuvre.

B. Frais nécessités par l'achat de fournitures destinées à l'exploitation

7º *Obligation de payer les primes de l'assurance des bâtiments*...................................... 58

§ 2. — **Obligations du preneur**..................... 58

(1º) Obligation d'habiter la métairie et de se servir des bâtiments d'exploitation du domaine....................... 58

(2°) Obligation de garnir la métairie de bestiaux et d'ustensiles aratoires...................................................   60
(3°) Le métayer ne peut sous louer ni céder son bail
(4°) Le métayer ne peut aller cultiver en dehors du domaine    63
(5°) Obligation de jouir en bon père de famille...........   64
(6°) Obligation d'avertir le propriétaire des usurpations...   68
(7°) Obligation de rendre la métairie en bon état de réparations locatives................................................   69
(8°) Obligation de livrer au propriétaire sa part de récolte..   70
   *Prestation colonique*........................................   73
9°) Obligation pour le métayer de prévenir le propriétaire
   lorsqu'il s'agit de faire la récolte ou de battre le grain...   79
(10°) Charrois................................................   80
(11°) Obligation pour le métayer de ne pas distraire du domaine le lait ni les fourrages ni les engrais qui en proviennent......................................................   81
(12°) Rapports entre métayers entrant et sortant...........   83
§ 3. — A. — *Droits du propriétaire*......................   89
1° Direction générale de l'exploitation.
2° Droits de chasse et de pêche...........................   96
B. — *Droit pour les 2 parties de demander le règlement
   annuel de compte*............................................   97
Compétence spéciale du Juge de Paix en matière de règlement de compte...............................................  100
Preuve spéciale en matière de règlement de compte........  104
*Appendice sur la compétence générale des juges de paix
   en matière de colonat partiaire.* .........................  105
   § 4. — **Risques** ........................................  108
1° Perte des objets comprises au bail. — 2° perte des récoltes 3° perte du cheptel......................................  111

## SECTION II

*Effets du bail partiaire quant aux rapports des parties
   avec les tiers*..............................................  114
1° *Un ouvrier employé sur le domaine par le colon peut-
   il agir contre le propriétaire lorsqu'il n'est pas payé ?*  115
2° *Dans quelle proportion le maître et le métayer sont-ils
   tenus à l'égard des tiers des acquisitions qui ont été faites pour le compte de la métairie*..........................  117
3° *Responsabilité du propriétaire à raison du quasi délit
   de son colon ?*..............................................  124

## CHAPITRE IV

*Fin du Contrat de Métayage*..........  .................  130
*Modes d'extinction*
1° *arrivée du terme.*
(*a*) durée du bail non écrit.
(b) Congé.
(c) Tacite reconduction.
2o *Perte des objets compris au bail*........................  138
(*a*) perte  totale.
(*b*) perte partielle.
(3°) *Inexécution des obligations*......  ...................  144
(4°) *Aliénation de la métairie*................  .........  146
1° bail ayant date certaine.
2o bail ayant date certaine mais contenant une disposition
    expresse permettant à l'acquéreur d'expulser le colon
3o bail n'ayant pas date certaine.
(5°) *Eviction* .............................................  150
(6°) *Mort du colon.*
    *Mort du bailleur*
(7°) *Confusion* ..................................  ...........  154
(8o) *Mutuel dissentiment.*

*Appendice :*

*Cas où un troupeau a été joint à la métairie*......  .......  155

## CHAPITRE V

*Privilège du bailleur*................................•........  159
   § 1 — **Quelles créances sont privilégiées**.....  .....  162
   § 2. — **Sur quoi porte le privilège ?**..  ...............  165
   § 3. — **Rang du privilège** ...  .....................  170
   § 4. — **Moyens d'assurer l'exécution du privilège** ...  174
Prescription.......  ........................................  176

## CHAPITRE VI

*Aperçu historique et Conclusion*........................  178
Appendice........................................................  211

Imprimerie, G. Morand, 47, rue Bannier, Orléans.